浄土教思想史

インド・中国・朝鮮・日本

梯 信暁
かけはし のぶあき

法藏館

目　　次

　　凡　例 …………………………………………… iv

1. 浄土教経典の思想 ……………………………… 3
　　（1）『無量寿経』 ……………………………… 5
　　（2）『阿弥陀経』 ……………………………… 10
　　（3）『般舟三昧経』 …………………………… 11
　　（4）『観無量寿経』 …………………………… 13

2. インドの浄土教論書 ………………………… 16
　　（1）龍樹 ……………………………………… 16
　　（2）世親 ……………………………………… 18

3. 中国における浄土教教理研究の開始 ……… 23
　　（1）廬山慧遠 ………………………………… 24
　　（2）曇鸞 ……………………………………… 28
　　　　曇鸞の生涯　28　　『論註』の大綱　30
　　　　凡夫往生の理論　32

4. 隋唐宋代の浄土教 …………………………… 40
　　（1）地論宗・摂論宗における浄土教研究 … 41
　　　　浄影寺慧遠の浄土教観　41　　弥陀極楽通報
　　　　化説の成立　43
　　（2）道綽と善導 ……………………………… 45

　　　　　　　道綽　45　　善導　47
　　（3）宋代の浄土教……………………………………52

5．新羅時代の浄土教……………………………………57
　　（1）元暁…………………………………………………58
　　（2）法位・義寂・玄一・憬興………………………63
　　　　　　　法位　63　　義寂　64　　玄一　66
　　　　　　　憬興　66

6．奈良時代の阿弥陀仏信仰……………………………70
　　（1）智憬と善珠………………………………………71
　　　　　　　智憬　71　　善珠　72
　　（2）智光………………………………………………73
　　　　　　　智光伝　73　　『無量寿経論釈』の特徴　75

7．平安初・中期の阿弥陀仏信仰………………………80
　　（1）貴族社会における阿弥陀仏信仰の萌芽………82
　　（2）臨終来迎信仰の形成……………………………85

8．叡山浄土教の展開……………………………………90
　　（1）良源とその周辺…………………………………90
　　（2）千観と禅瑜………………………………………94
　　　　　　　千観　94　　禅瑜　96
　　（3）源信………………………………………………99
　　　　　　　『往生要集』の大綱　99　　『往生要集』の思
　　　　　　　想　101

9. 院政期の浄土教 …………………………………………… 105

（1）臨終来迎信仰の展開 ………………………………… 105
（2）天台宗の動向 …………………………………………… 110
　　　浄土教義科の成立　110　　天台本覚思想と浄
　　　土教　113　　良忍と融通念仏　116
（3）南都・真言諸学派の動向 ……………………………… 118
　　　永観　118　　珍海　121　　実範　123
　　　覚鑁　126

10. 法然とその門下 ………………………………………… 132

（1）法然 ……………………………………………………… 132
　　　法然の生涯　132　　『選択本願念仏集』の
　　　大綱　134　　法然の思想とその影響　137
（2）弁長 ……………………………………………………… 139
（3）証空 ……………………………………………………… 142
（4）親鸞 ……………………………………………………… 145
　　　親鸞の生涯　145　　『教行証文類』の大綱　146
　　　親鸞の思想　149

主要人物・典籍一覧 …………………………………………… 159
主要人物出身地図 ……………………………………………… 162
近畿圏主要寺院 ………………………………………………… 166
参考文献一覧 …………………………………………………… 167
索引 ……………………………………………………………… 169

凡　　例

　原典を引用するにあたり、漢文は書き下し文で、仮名は平仮名で表記する。また各引文の末尾には、次のような叢書・単行書等によって所在を示す。
・『大正新脩大蔵経』……『大正蔵』と略称（「1,p.2a・b・c」は「第1巻2頁上段・中段・下段」の意）
・『大日本仏教全書』……『仏全』と略称（「1,p.3a・b」は「第1巻3頁上段・下段」の意）
・『浄土宗全書』
・『新訂増補国史大系』
・『恵心僧都全集』
・『真言宗安心全書』
・恵谷隆戒『浄土教の新研究』（山喜房仏書林,1976年）附録「無量寿経述義記復元本」
・服部純雄「智光撰『無量寿経論釈』稿＜復元資料＞」（『浄土宗学研究』15/16, 1986年）
・平井正戒『隆寛律師の浄土教附遺文集』（国書刊行会,1984年）附録「隆寛律師遺文集」
・森英純編『西山上人短編鈔物集』（文栄堂,1980年）

　なお、必要な校異は引文中括弧内に、次のような略号を用いて示すこととする。
　　（○－イ）………○字は異本になし。
　　（＋○イ）………異本には○字あり。
　　（○＝□イ）……○字は異本では□字。
　　（○＝□カ）……○字は□字の誤りかと思われる。

インド・中国・朝鮮・日本

浄土教思想史

1．浄土教経典の思想

　本書は、インド・中国・朝鮮・日本における浄土教の展開を、特に教理史の立場から概観してゆこうとするものである。

　「浄土教」という言葉は、広く用いられる学術用語でありながら、その概念内容は必ずしも一定ではない。本来「浄土 (kṣetra-pariśuddhi)」とは、「国土を浄める」という菩薩の修行を意味する。ところが漢語としての「浄土」は、「仏の清らかな世界」という意味で用いられることが多い。そこには大乗仏教の仏陀観が反映されている。大乗仏教の進展に伴い、十方諸仏の存在が認められるようになると、仏の住む清らかな世界の様相が盛んに語られ、その世界におもむくことを願う信仰が生まれてくる。阿閦仏の妙喜世界（『阿閦仏国経』『維摩経』）、薬師仏の浄瑠璃世界（『薬師本願経』）等さまざまな仏の世界が説かれる。報身の釈迦仏の国土としては、霊山浄土（『法華経』如来寿量品）や無勝荘厳国（『涅槃経』光明遍照高貴徳王菩薩品）がある。弥勒菩薩の兜率天、観音菩薩の補陀落山等に対する信仰も隆盛となる。なかでも阿弥陀仏の極楽世界は、多くの大乗経典に言及され、中国や日本では、浄土と言えば極楽を意味するほどに信仰を集めるようになる。本書では、その阿弥陀仏と極楽浄土とを考究の対象とし、「阿弥陀仏を信仰し極楽への往生を目指す宗教」を「浄土教」と呼ぶこととする。

　「阿弥陀」とは、「Amitābha（はかりしれないひかり＝無量光）」「Amitāyus（はかりしれないいのち＝無量寿）」の訳語である。光明と寿命とが無量であるというのは、この仏の救済活動が、空間的・時間的に一切の制限を持たないということを意味する。十方世界の過去・現在・未来の生きとし生ける者を、無限

ブッダ・ガヤー

の光の中に摂め取って、極楽という悟りの世界へと導く仏を、阿弥陀仏と名づけるのである。

『無量寿経』によると、久遠の昔、法蔵比丘が世自在王仏のもとで発願・修行して阿弥陀仏となったとされ、以来十劫を経た現在も、西方極楽世界にあって説法を続けているという。法蔵の発願の主旨は、在家・出家、男女、貧富の隔てなく一切の衆生をやがて建立する清らかな世界に迎えとり、平等の悟りを完成させようとするところにある。この願いが成就して、極楽世界が出現し、法蔵は阿弥陀仏となる。阿弥陀仏の願いは、あらゆる世界の衆生のもとに届けられ、仏の願いに応じたすべての生きとし生ける者が、その救いの手の中に摂め取られるのである。

「極楽」とは、「Sukhāvatī（楽あるところ）」の訳語で、鳩摩羅什が『阿弥陀経』訳出の際に用いた言葉である。『無量寿経』では「安楽」「安養」と訳される。その荘厳の様相は『無量寿経』『阿弥陀経』や世親の『浄土論』等に詳しく説かれている。国土は、金・銀・瑠璃・珊瑚・琥珀・水精・瑪瑙の七宝からなる。大地は平らかで、七宝の宝樹が立ち並ぶ。講堂・精舎は整備され、そこでは常に阿弥陀仏が説法している。その前庭には七宝の浴池があって、八功徳の水が溢れ、色とりどりの蓮の花が咲き乱れている。気候は穏やかで、清風に乗って花びらが降り注ぎ、快い音楽が響いているという。

阿弥陀仏は、ゾロアスター教の光明神アフラマズダや、ヴェーダ聖典に登場する太陽神、原始仏教・部派仏教の経典に説かれる過去仏等にその起源が求められ、また極楽の概念は、ゾロアスター教やユダヤの宗教、インドの梵天神話、原始仏教・部派仏教の転輪聖王神話等に由来するとされている。しかるに上述のごとき「阿弥陀」という名に込められたこの仏の救済の論理は、在家・出家を区別しない、万人の救済を目指す大乗仏教の理念に即応するものであり、

阿弥陀仏信仰は、大乗仏教経典の中でその教理の組織を整えてゆくことになる。

初期の大乗経典には阿弥陀仏に言及するものが多い。なかでも『無量寿経』『阿弥陀経』『般舟三昧経』は、阿弥陀仏信仰を主題としている。また『観無量寿経』は、4～5世紀の成立で、インド撰述を疑う学者が多いが、中国・日本ではよく用いられた経典である。以下この4部の浄土教経典を取り上げ、浄土教の教理に大乗仏教の理念がどのように反映されているのかを見てゆきたい。

（1）『無量寿経』

『無量寿経』は、阿弥陀仏の誓願を明かし、それに酬報する仏身・仏土の荘厳と衆生救済の成就とを説く経典である。

原初形態は1世紀の西北インドで成立し、その後2～3世紀にかけて増広・整備されたと考えられる。サンスクリット本・チベット訳が現存する。漢訳は次の5本が現存する。

① 『阿弥陀三耶三仏薩楼仏檀過度人道経』2巻（略称『大阿弥陀経』、呉の支謙訳）
② 『無量清浄平等覚経』4巻（略称『平等覚経』、後漢の支婁迦讖訳と伝わるが、魏の帛延訳とする説が有力）
③ 『無量寿経』2巻（略称『大経』『双巻経』等、魏の康僧鎧訳と伝わるが、東晋の仏陀跋陀羅・劉宋の宝雲の共訳とする説が有力）
④ 『無量寿如来会』2巻（『大宝積経』巻17・18、略称『如来会』、唐の菩提流志訳）
⑤ 『大乗無量寿荘厳経』3巻（略称『荘厳経』、宋の法賢訳）

ほかに安世高訳等7本が古佚とされ、古来「五存七闕」と言われている。現存諸本の中、『大阿弥陀経』『平等覚経』の2本を「初期無量寿経」と呼び、『無量寿経』『如来会』『荘厳経』、サンスクリット本・チベット訳の5本を「後期無量寿経」と呼ぶ。

『大阿弥陀経』『平等覚経』は、阿弥陀仏の誓願の数が24であることから「二

十四願経」と言われる。この2本は訳出年代も古く、また初期大乗仏教の代表的な経典である『般若経』の影響を受けていないことから、最初期の大乗経典の一つとされる。一方、サンスクリット本（47願）・『無量寿経』（48願）・『如来会』（48願）・チベット訳（49願）は、「四十八願経」の系統に属し、古訳2本よりも進展した形態を示している。般若思想の影響も見られる。『荘厳経』は「三十六願経」で、「四十八願経」よりもさらに後のものと考えられている。

現存諸本中、最もよく用いられてきたのは『無量寿経』である。以下『無量寿経』の内容を概観してゆきたい。

『無量寿経』巻上には、法蔵比丘が世自在王仏のもとで発願し修行して、阿弥陀仏となる経緯を説く。誓願は四十八願で示され、仏身仏土の荘厳や衆生救済の方法等が誓われている。

その第1・第2願には、次のように言う。

> たとひ我、仏を得んに、国に地獄・餓鬼・畜生あらば、正覚を取らじ。
> たとひ我、仏を得んに、国中の人・天、寿終はりてののちに、また三悪道に更らば、正覚を取らじ。　　　　　　　　　　（『大正蔵』12, p.267c）

法蔵比丘が建立しようとする仏の世界は、後に安楽国（極楽）と呼ばれるが、そこは悪道の縁を完全に離れた場所である。もしそのことが実現しないならば仏とはならないと誓うのである。

第5願から第10願には、安楽国の人天には六神通（宿命通・天眼通・天耳通・他心通・神足通・漏尽通）を成就させようと誓われる。

第11願には、次のように言う。

> たとひ我、仏を得んに、国中の人・天、定聚に住し、必ず滅度に至らざれば、正覚を取らじ。　　　　　　　　　　　　　（『大正蔵』12, p.268a）

安楽国に迎えられた者は皆、正定聚（仏果を得ることに決定した不退転の位）に定められ、やがて必ず滅度（大般涅槃、完全なる悟り）へと導かれる。安楽国が仏道成就の場として設定されていることがわかる。

第12・13願には、次のように言う。

> たとひ我、仏を得んに、光明よく限量ありて、下、百千億那由他の諸仏の国を照らさざるに至らば、正覚を取らじ。
> たとひ我、仏を得んに、寿命よく限量ありて、下、百千億那由他劫に至らば、正覚を取らじ。 （『大正蔵』12, p.268a）

光明無量・寿命無量の徳を備えた仏となることが誓われているのである。この願いに酬報して「阿弥陀」という名の仏が出現する。

第17願には、次のように誓われている。

> たとひ我、仏を得んに、十方世界の無量の諸仏、悉く諮嗟して、我が名を称せざれば、正覚を取らじ。 （『大正蔵』12, p.268a）

阿弥陀仏の名が十方諸仏に称讃されることによって、救済者の存在が十方の衆生に伝えられるのである。

次の第18・19・20願には、衆生救済の方法が誓われている。古来、生因の三願と呼ばれてきたものである。

> たとひ我、仏を得んに、十方の衆生、至心に信楽し、我が国に生ぜんと欲して乃至十念せんに、もし生ぜざれば、正覚を取らじ。ただ五逆と誹謗正法とを除く。
> たとひ我、仏を得んに、十方の衆生、菩提心を発し、もろもろの功徳を修して、至心に発願し、我が国に生ぜんと欲せんに、寿終はるときに臨んで、たとひ大衆と囲繞してその人の前に現ぜざれば、正覚を取らじ。
> たとひ我、仏を得んに、十方の衆生、我が名号を聞きて、念を我が国に係け、もろもろの徳本を殖ゑて、至心に回向し、我が国に生ぜんと欲せんに、果遂せざれば、正覚を取らじ。 （『大正蔵』12, p.268a〜b）

十方衆生を救済の対象とし、しかもいずれも高度な修行を求めてはいない。

この経が救済しようとしているのは、主として仏に信順する凡夫であることがうかがわれる。

第22願には、次のように言う。

> たとひ我、仏を得んに、他方仏土の諸菩薩衆、我が国に来生すれば、究竟して必ず一生補処に至らん。その本願の自在の所化、衆生のためのゆゑに、弘誓の鎧を被て、徳本を積累し、一切を度脱し、諸仏の国に遊んで、菩薩の行を修し、十方の諸仏如来を供養し、恒沙無量の衆生を開化して、無上正真の道を立せしめ、常倫諸地の行を超出し、現前に普賢の徳を修習せんものを除く。もししからざれば、正覚を取らじ。
>
> (『大正蔵』12, p.268b)

極楽に生まれた者は、一生補処すなわち命終わる時に即座に仏果を完成するという位に定められることが誓われている。ただし普賢菩薩のように、菩薩の位に身を置きつづけることによって自由自在な救済活動を展開しようとする者に対しては、その意志が尊重される。極楽の救いは、画一的なものではないのである。

四十八願に盛り込まれた法蔵比丘の願いとは、「無限の光明と寿命とを得て、障りなく一切の衆生を救済できる仏となり、苦しみのない清らかな世界を建立して、すべての生きとし生ける者をそこに迎え取り、平等の悟りへと導きたい」ということである。自利利他円満の大乗菩薩道の成就を目指し、それが完成しなければ、決して仏の位には就かないと誓っているのである。

その誓願が成就して、法蔵比丘は光明無量・寿命無量の徳を備えた阿弥陀仏となる。それ以来十劫を経た現在も、阿弥陀仏は、自ら建立した西方安楽国にあって説法を続けているという。その阿弥陀仏と国土の荘厳が詳しく示されて、巻上が終わる。

巻下には、四十八願に酬いて実現する衆生救済の様相が説かれる。その冒頭に、第11・17・18願の成就が説かれている。

> それ衆生ありてかの国に生ずる者は、みな悉く正定の聚に住す。ゆゑはい

かん。かの仏国の中には、もろもろの邪聚および不定の聚なければなり。十方恒沙の諸仏如来は、みなともに無量寿仏の威神功徳の不可思議なるを讃歎す。あらゆる衆生、その名号を聞きて、信心歓喜すること、乃至一念、至心に回向し、かの国に生ぜんと願ずれば、すなはち往生を得、不退転に住す。ただ五逆と誹謗正法とを除く。　　　　　　（『大正蔵』12, p.272b）

霊鷲山

　諸仏の讃嘆する名号を聞いて信じ、往生を願う者は、安楽国に迎えられて正定聚に住し、やがて仏果を成就せしめられると言うのである。
　次に、救済の対象となる衆生が、その能力によって三段階に分けて示される。三輩往生段と呼ばれる一節である。上輩は出家の菩薩で、菩提心を発して一向に阿弥陀仏を念じ、種々の功徳を修して往生を願う者、中輩は在家のままで菩提心を発し、一向に阿弥陀仏を念じ、種々の徳行を修して往生を願う者、下輩は徳行を修める能力はないが、菩提心を発して一向に阿弥陀仏を念じて往生を願う者である。いずれも極楽に迎えられるが、上輩は往生して不退転に住し、智慧勇猛、神通自在であると言い、中輩は、往生して不退転に住し、功徳智慧は上輩に次ぐ、下輩は、往生を得て、功徳智慧は中輩に次ぐと説かれる。極めて広い範囲の機根を救済の対象とするが、往生後の得果にはやや差別がつけられているようである。
　次いで、往生して悟りを得た者たちが、十方の世界におもむいて衆生を救済してゆく様子を説く。その活動を誉め讃え、経を聞く者に極楽への往生を目指すよう勧めるのである。
　ところが、愚かな凡夫たちは、我欲の作り出す差別の世界、煩悩にまみれた迷いの世界の生存に執着し、清らかな平等の悟りの世界を目指そうとしない。

阿弥陀仏の教説を疑い、その願いに応じようとしない。そこで重ねて信が勧められる。仏智を疑いながら、罪福を信じ善行をなして往生を願う者は、「胎生」という形で極楽に生まれ、智慧も開かれず、見仏聞法もできない。しかし、仏智を信じた上で諸々の功徳を修めるならば、極楽に「化生」し、すぐれた智慧を完成すると説くのである。加えて、いかなる愚か者にも救いの道を開いておくため、たとえ仏教が忘れ去られてしまったとしても、この教えだけは100年間留めておこうという釈尊の誓いを述べて、経を結んでいる。

　以上のように『無量寿経』には、阿弥陀仏の成仏の因果と、衆生の往生の因果とが明かされ、ここに阿弥陀仏信仰は、教理の体系を持つに至ったのである。

（2）『阿弥陀経』

　『阿弥陀経』は、阿弥陀仏の依正荘厳を示して極楽への往生を勧めるとともに、六方諸仏の証誠護念を説いて浄土法門の真実を主張する経典である。
　1～2世紀に西北インドで成立したと見られ、サンスクリット本・チベット訳が現存する。漢訳は、鳩摩羅什訳『阿弥陀経』1巻、玄奘訳『称讃浄土仏摂受経』1巻の2本が現存する。羅什訳がよく用いられ、『小経』と略称される。全体を要約すると次のようになる。

　　西方十万億仏土の彼方に極楽という美しい世界がある。教主は、光明無量・寿命無量の徳を備えた阿弥陀仏である。仏となってより十劫を経た現在も、説法を続けている。極楽に往生すれば、やがて必ず仏となる身に定められる。極楽への往生を目指して、阿弥陀仏の名号を一心に執持せよ。そうすれば、臨終に仏の来迎を蒙り、極楽に往生できる。あらゆる世界の仏たちが、この教えの真実を証明し、この教えにあずかる衆生を護るであろう。それゆえ往生を願う者は皆、不退転に住することができるのである。
　　　　　　　　　　　　　　　　　　　　　　　（『大正蔵』12, p.346b～要約）

　『無量寿経』に説かれた阿弥陀仏や極楽国土の荘厳と、さほどの違いはない。往生の因として示された「執持名号」は、『無量寿経』の「聞名思想」すなわ

ち仏の名号を聞くことによって救済が実現するという考え方に通ずるものであろう。往生後は不退転の位に定められるという教説も、『無量寿経』と共通する。

『阿弥陀経』の特徴は、六方諸仏の証誠護念を説いて、浄土の法門が真実であることを強調するところにある。『阿弥陀経』は、浄土教を「難信の法」と捉え、信順を勧めるために諸仏の証誠を説くのである。説相は異なるが、「信」を重視するという立場は『無量寿経』と同様である。

『阿弥陀経』には、極楽の荘厳が詳しく説かれる。その中に次のような文言が見える。

> 池の中の蓮華は、大きさ車輪のごとし。青色には青光、黄色には黄光、赤色には赤光、白色には白光ありて、微妙香潔なり。(『大正蔵』12, p.347a)

宝池荘厳を説く一節である。極楽の池を飾る色とりどりの蓮華は、一つひとつが、その持ち味のままで光り輝いている。青い蓮華は青く光り、白い蓮華は白いままで輝くのである。画一的な光ではない。個性の輝きである。しかも全体として均整のとれたすばらしい風景だと言う。

これは、極楽の花の描写を通じて、大乗仏教の目指す理想の社会像を明かそうとしたものであろう。そもそも仏教は、和合の社会の実現を目指している。真の和合は、真の平等によってもたらされる。仏教は、あらゆる生命に平等の尊厳が存することを説く宗教である。大乗仏教はこの点を特に強調する。絶対の尊厳を持つ一つひとつの生命が、それぞれの個性を最大限に発揮して、しかも全体の調和を崩さない、大乗仏教はそんな社会の実現を目指しているのである。『阿弥陀経』における池中蓮華の描写は、救済の場としての極楽の平等性を表現するものと考えてよかろう。

(3)『般舟三昧経』

『般舟三昧経』は、般舟三昧の法、すなわち現在諸仏と行者とが面前に対峙する境地に至る精神統一の法を説く経典である。

般舟三昧（pratyutpanna-buddha-saṃmukha-avasthita-samādhi）とは、「現在の諸仏の面前に立つ菩薩の三昧」または、「菩薩の面前に現在の諸仏が立つ三昧」という意味に解される。サンスクリット語としては前者が自然であるが、漢訳には「現在（諸）仏悉在前立三昧」とあって、後者の解釈がなされているようである。

120～150年頃の成立と見られてきたが、原初形態はそれよりやや遡り、1世紀の成立とする説が有力である。サンスクリット本は断片のみで、チベット訳が完本で伝わる。漢訳は、次の4本が現存する。

① 『般舟三昧経』 3巻（略称『三巻本』、後漢の支婁迦讖訳）
② 『般舟三昧経』 1巻（略称『一巻本』、後漢の支婁迦讖訳と伝わるが、後代の中国で『三巻本』から要約されたもの）
③ 『抜陂菩薩経』 1巻（未完本、訳者不明）
④ 『大方等大集経 賢護分』 5巻（略称『賢護経』、隋の闍那崛多訳）

般舟三昧は、一切諸仏を観想する三昧であるが、『般舟三昧経』の中核にして最も成立の早い「行品」（『賢護経』は「思惟品」）では、それは西方須摩提（Sukhāvatī 極楽）の阿弥陀仏を憶念することとされている。閑静な場所で心を集中し、一日一夜乃至七日七夜、一心不乱に阿弥陀仏を憶念すれば、阿弥陀仏が目の当たりに現ずる。たとえ昼間には見えずとも夢の中で見ることができると言う。ところが、「行品」以外には阿弥陀仏に関する記述は見えず、現在十方諸仏を観想の対象とし、修行の期間も90日を要するという記述になっている。「行品」とそれ以外の品とが成立事情を異にしていることがうかがわれる。

いずれにしても般舟三昧は現身見仏を目的とする。『三巻本』巻上には次のように説かれている。

是間において終はり、彼間仏利に生まれてすなはち見ず。すなはち是間において坐して、阿弥陀仏を見、説くところの経を聞き、悉く受得す。

（『大正蔵』13, p.905a）

命終わって彼の国に生まれてから仏を見るのではない。現世において阿弥陀仏を見、その説法を聞くのである。「常に阿弥陀仏を念ずることによって阿弥陀仏国に生まれることができる」という文言もあるが、往生は見仏の結果として自然に備わることであり、往生を究極の目標とするのではない。

『般舟三昧経』は、三昧経典として大乗仏教の中に位置づけられる。この点で『無量寿経』や『阿弥陀経』とは異質の経典である。

（4）『観無量寿経』

『観無量寿経』は、阿弥陀仏の依正荘厳相および極楽往生人の諸相を観想する方法を説く経典である。

4〜5世紀の成立とされるが、インド撰述を疑う学者が多く、中央アジアか中国でできたとする説、その両方にまたがる地域で段階的に成立したとする説等があっていまだ判然としない。サンスクリット本・チベット訳はなく、漢訳は畺良耶舎訳とされる『観無量寿経』1巻のみが現存する。『観経』という略称が一般的である。

マガダ国の太子阿闍世が、父王を害し、母韋提希を幽閉する。その韋提希の要請により釈尊の説法が始まる。韋提希は阿弥陀仏の極楽世界に往生する方法を尋ね、応えて釈尊は三福・十六観の法を説く。

三福とは世福（世俗の善行）・戒福（小乗の善行）・行福（大乗の善行）、十六観とは①日想、②水想、③地想、④樹想、⑤八功徳水想、⑥総観想、⑦華座想、⑧像想、⑨仏観一切色身想、⑩観観世音菩薩真実色身想、⑪観大勢至色身想、⑫普観想、⑬雑想観、⑭上輩生想、⑮中輩生想、⑯下輩生想である。①〜⑬は定慮の中で極楽の依正荘厳相を観ずる方法を示す。⑭〜⑯は三輩九品往生段と呼ばれ、上品上生から下品下生に至る9段階にわたってさまざまな機根の者が極楽に往生してゆく様相を説く。

『観無量寿経』も『般舟三昧経』と同じく、三昧経典としての性格が濃厚であるが、成立年代が下るため、『無量寿経』や『阿弥陀経』の影響を受けていて、極楽への往生を勧めることにも力が注がれている。往生極楽を願う韋提希と、浄業を修めようとする未来世の一切凡夫とを、極楽へと導くために、往

生極楽の方法を説くという形で説法を展開するのである。この経が自ら、「この経を、〈極楽国土と無量寿仏と観世音菩薩と大勢至菩薩とを観ずることを説く経〉と名づけ、また、〈悪業の障りを取り除いて諸仏の前に生まれることを説く経〉と名づける」と名乗っているとおりである。

　『観無量寿経』の三輩九品往生段は、『無量寿経』の三輩往生段を承けたものであろうが、『無量寿経』よりも広い範囲の機根が扱われている。

　上品上生人は、至誠心・深心・回向発願心の三心を具足して、戒律を守り、大乗経典を読誦し、六念（念仏・念法・念僧・念戒・念施・念天）を行じ、極楽への往生を願う、機根のすぐれた大乗の行者である。このような者が命終わるときには、阿弥陀仏および観音・勢至をはじめとする無数の聖衆の来迎にあずかり、極楽に往生して即座に無生法忍の悟りを得ることができる。

　以下、上品中生・上品下生人も、大乗の行者であるが、上品上生人に比べて少しずつ機根が劣ってくる。それに応じて、来迎の聖衆、往生後の得果に優劣が生ずる。

　中品上生・中品中生人は、小乗の行者である。『無量寿経』の三輩は、出家・在家にわたるが、いずれも菩提心を発した大乗仏教徒であった。『観無量寿経』は、救済の対象を小乗の徒にまで広げているのである。彼らは極楽に往生して、小乗の四果（須陀洹果・斯陀含果・阿那含果・阿羅漢果）を証すると言う。

　中品下生人は、親孝行等の世間の善を行って一生を過ごし、臨終を迎えて阿弥陀仏の教えに触れ、往生を願うようになった者である。臨終に及んで入門した初心者である。彼に用意されたのも、中品上・中生人と同じ小乗の果である。

　さらに下品では、悪人の往生が扱われている。下品上生・中生・下生と次第に悪業が重くなってゆく。それでも臨終に阿弥陀仏の法に出会い、教えに随って念仏すれば、罪が消えて極楽に往生できると言う。最も悪業の重い下品下生人は、五逆十悪をはじめ悪の限りを尽くした者である。したがって臨終には苦に逼めたてられるが、その中で善知識の勧めに従い、十念を具足して「南無阿弥陀仏」と称えることによって、蓮華の中に迎え取られて極楽に導かれる。12大劫という長い時間華内に包まれているが、やがて蓮華が開き、極楽の菩薩の説法にあずかり、菩提心を発すと説かれる。

五逆罪とは「殺父・殺母・殺羅漢・出仏身血・破和合僧」を指し、真実の仏法を謗るという謗法罪と併せて、仏教で最も重い罪である。提婆達多や阿闍世の犯した罪で、必ず阿鼻地獄に堕ちると言われる。

　『無量寿経』の第18願および願成就文では、五逆・謗法の者は救済の対象から除外されていた。これに対し『観無量寿経』は、阿闍世の逆悪の物語から説き始め、五逆罪を犯した極悪人の往生を認めて経を結んでいるのである。この逆謗除取の問題は、中国・日本において大きく取り上げられ、浄土教教理研究の中心課題の一つとなる。ともあれ『観無量寿経』が悪人の救済に主眼を置く経であることは認めてよい。

　ところで、曇無讖訳の『涅槃経』は、一闡提（icchantika 断善根）の成仏を認めたことで有名である。『涅槃経』は、「一切衆生悉有仏性（あらゆる者が成仏の可能性を持つ）」を主張する中期の大乗経典で、『観無量寿経』と同じく阿闍世の物語を用いて悪人の救済を説いている。『観無量寿経』がどこで編纂されたのかはわからないが、阿闍世逆悪の説話は『涅槃経』との関連をうかがわせる。『涅槃経』は如来蔵思想によって悪人にも開悟の道のあることを示し、『観無量寿経』は具足十念の称名によって悪人にも往生が可能であることを説く。教理的根拠は異なるが、ともに悪人救済の論理を樹立することを目的とした経典である。

　『観無量寿経』の三輩九品往生段には、修行の進んだ菩薩から極悪人まで、あらゆる機根の衆生の往生が説かれるが、此土における機根の優劣に応じて、来迎の聖衆や往生後の得果には明確な差別がつけられている。その差は『無量寿経』三輩往生段の教説に比べてはるかに甚だしい。しかし『無量寿経』が想定したよりもずっと広い範囲の機根を、阿弥陀仏による救済の対象としているところに、『観無量寿経』の救済論の特徴を捉えることができるのである。

2. インドの浄土教論書

『無量寿経』『阿弥陀経』『般舟三昧経』等の初期大乗経典に示された阿弥陀仏と極楽世界に関する教説は、龍樹や世親の論書中に言及されている。ここではこの両者を取り上げたい。

(1) 龍樹

　龍樹(Nāgārjuna 150～250頃。龍猛・龍勝とも訳される)は初期大乗仏教教理の大成者である。南インドの出身で、はじめバラモン教を学んだが、欲望が苦の原因であることを悟って、仏教に帰依したという。上座部の三蔵に通暁したが満足できず、天下を周遊して深奥の法門を求めた。ヒマラヤの山中で老比丘より大乗仏教経典を授けられ、あるいは大龍菩薩の導きで海中の宮殿より大乗甚深の経典を見出したと伝えられる。以後、大乗経典の研究と大乗仏教の宣布とに努めた。南インドを中心に活動したとされ、晩年はアーンドラ王国のシャータバーハナ王朝の保護を受け、ナーガールジュナコンダで没したと言われる。伝記資料として、鳩摩羅什訳の『龍樹菩薩伝』等がある。

　主著『中論頌』は、『般若経』の思想に依拠して、釈尊の根本思想「縁起」の法を「空」の立場で示したものである。縁起を「不生不滅、不常不断、不一不異、不来不去」の八不中道で示し、諸法は無自性空であることを主張している。『十二門論』は、真偽未詳ながら『中論』の入門書的な著作である。『大智度論』は、『大品般若経』の註釈書で、訳者鳩摩羅什の見解がかなり盛り込まれていると言われるが、初期大乗仏教の教理を網羅するものとして重要であ

祇園精舎

る。その他『空七十論』『広破論』『廻諍論』『六十頌如理論』『宝行王正論』『菩提資糧論』『大乗二十頌論』等が龍樹の著作として伝えられている。

『十住毘婆沙論』は、『十地経』の初地・第二地の註釈書である。龍樹の真撰を疑う学者もあるが、ほぼ龍樹の作と考えてよいものである。少なくとも偈頌の部分は龍樹の作である。サンスクリット本・チベット訳はなく、鳩摩羅什による漢訳17巻のみが伝わる。仏陀耶舎が暗記していた原文を口誦し、鳩摩羅什と共同で翻訳したとも言われる。第三地以降を欠くのは、仏陀耶舎が口誦しなかったためとされるが疑わしい。『十地経』の註釈書とすれば確かに未完であるが、在家・出家の菩薩の実践行が系統立てて解説されており、大乗菩薩道を説く文献としては完結している。

35品からなるが、その第9「易行品」には阿弥陀仏に関する記述があり、浄土教論書として別出されることがある。

『十地経』をはじめとする諸経典に説かれた菩薩の行位は、後に五十二位等の形に整備され、凡夫が仏道に趣き、次第に仏果を完成してゆく過程が明かされる。五十二位とは、十信・十住・十行・十回向・十地・等覚・妙覚を指す。その十地の第1「初地」は、阿惟越致地・歓喜地・不退転地等と言われ、聖者の仲間入りをする地位である。菩薩の修行は、まずこの初地を目指して行われる。ところが初地に至るには、「諸・久・堕」の三難があって、行者の行く手を阻んでいる。三難とは、もろもろの難行を行ずるという行体の難、久しくして初めて得ることができるという時劫の難、修行途中で怠れば二乗に堕すると

いう退堕の難を言う。そこで「易行道」として疾く阿惟越致に至る方法を教示することが請われ、信方便易行の法が説かれる。諸仏諸菩薩を念じ、その名を称えることによって不退転を得ることができると言うのであるが、なかでも阿弥陀仏の名を称えるべきことが力説されている。そこには、次のように述べられている。

　　阿弥陀仏の本願はかくのごとし、「もし人、我を念じ、名を称して、自ら帰すれば、すなはち必定に入りて阿耨多羅三藐三菩提を得」と。このゆゑに常に憶念すべし。　　　　　　　　　　　　　（『大正蔵』26, p.43a）

初期大乗経典に説かれた阿弥陀仏に関する記述を集約したものと言える。続いて偈をもって阿弥陀仏の功徳を列挙し称讃してゆく。整った教理の組織が示されているわけではないが、浄土教を、凡夫救済のための易行の法門と捉えて、大乗仏教の体系の中に位置づけていることは確かである。

（2）世親

世親（Vasubandhu 400〜480頃。天親とも訳される）は、瑜伽行唯識教学の大成者である。伝記資料としては、真諦訳の『婆藪槃豆法師伝』等がある。

　瑜伽行派は、『解深密経』『大乗阿毘達磨経』等の中期大乗経典や、弥勒（Maitreya）造とされる『瑜伽師地論』『大乗荘厳経論頌』『中辺分別論頌』等の論書に依拠して唯識思想を展開する学派である。唯識とは、「一切は識を離れては存在しない」という説であり、主観（見分）も客観（相分）もともに識であることを言う。

　瑜伽行派の教理を大成するのは、無着（Asaṅga 395〜470頃）・世親の兄弟である。彼らは西北インド、ガンダーラ地方のプルシャプラ出身で、ともに上座部系部派の教学を極めた後、大乗仏教に回入したという。兄の無着は、『摂大乗論』『大乗阿毘達磨集論』等を著して唯識学を組織し、唯識説に基づく大乗仏教の実践体系を確立した。

　世親は、無着の勧めによって大乗仏教に帰依し、瑜伽行派の論書の研究を始

めた。『唯識三十頌』『唯識二十論』等の著作は、弥勒以来の阿頼耶識説を整備して、識の転変による認識の生成を明らかにしたものである。唯心論を「空」の立場で理解して、遍計所執性・依他起性・円成実性という唯識三性説を確立し、また仏陀論や修道論にも独自の見解を示して、唯識学の教理組織を整備した。

世親は、説一切有部の論書『大毘婆沙論』の研究者としても有名である。その著『阿毘達磨倶舎論』は『大毘婆沙論』の註釈書であるが、説一切有部の教理を巧みにまとめながら、経量部の立場から批判を加えた所がある。そのため衆賢（Samghabhadra）がカシュミールの有部の立場から『阿毘達磨順正理論』を著して反駁する。ともに名著であるが、阿毘達磨研究の主流となるのは『倶舎論』の方である。

世親はまた、『大乗荘厳経論頌』『中辺分別論頌』『金剛般若経論』『摂大乗論』等の弥勒・無着の論書に対して註釈書を著している。そのほか、『十地経論』『妙法蓮華経優波提舎』『無量寿経優波提舎』等は、唯識学の立場で大乗経典を註釈したもの、『大乗成業論』『大乗五蘊論』等は、倶舎と唯識学との架橋的な論書である。

『無量寿経優波提舎』は、浄土教教理の構築を目指した最初の論書である。世親の著とされるが、疑う学者もある。サンスクリット本・チベット訳はなく、北魏の菩提流支訳『無量寿経優波提舎願生偈』一巻が現存するのみである。以下『浄土論』という略称を用いる。

『浄土論』は、韻文形式の「偈頌」と散文形式の「長行」とからなる。偈頌では、まず世親自身の阿弥陀仏への帰依と、安楽国への願生の意を表明した後、安楽浄土・阿弥陀仏と浄土の諸菩薩の荘厳功徳を讃詠する。長行では、偈頌の内容に即して五念門の修行を説く。五念門とは、次の五つの実践を言う。

①礼拝門（身をもって阿弥陀仏を礼拝する）
②讃嘆門（口で阿弥陀仏の徳をほめたたえる）
③作願門（心を専注して安楽国土に往生しようと願う）
④観察門（智慧をもって仏国土・阿弥陀仏・諸菩薩の荘厳功徳を観察する）
⑤回向門（一切の功徳を一切衆生に回向して、ともに安楽国に往生することを

願う）

　ことに第4観察門の説示に力が注がれ、次のように観察の対象となる三厳二十九種の荘厳功徳が明かされる。

　①仏国土荘厳功徳17種（荘厳清浄功徳成就・荘厳無量功徳成就・荘厳性功徳成就・荘厳形相功徳成就・荘厳種種事功徳成就・荘厳妙色功徳成就・荘厳触功徳成就・荘厳三種功徳成就・荘厳雨功徳成就・荘厳光明功徳成就・荘厳妙声功徳成就・荘厳主功徳成就・荘厳眷属功徳成就・荘厳受用功徳成就・荘厳無諸難功徳成就・荘厳大義門功徳成就・荘厳一切所求満足功徳成就）
　②仏荘厳功徳8種（荘厳座功徳成就・荘厳身業功徳成就・荘厳口業功徳成就・荘厳心業功徳成就・荘厳大衆功徳成就・荘厳上首功徳成就・荘厳主功徳成就・荘厳不虚作住持功徳成就）
　③菩薩荘厳功徳4種（不動而至功徳・一念遍至功徳・無相供養功徳・示法如仏功徳）

　五念門は、極楽への往生を目的とする修行の体系として、整った形で示された最初のものである。五念門の素地となった教説として、『華厳経』に説かれた普賢菩薩の十大願や、唯識論書の諸処に見える十波羅蜜等が指摘されているが判然としない。
　五念門の中心は、第3作願門と第4観察門であると言われる。作願門は、一心専念に往生極楽を目指して奢摩他（śamatha 止）の行を修することであり、観察門は、智慧をもって観察し毘婆舎那（vipaśyanā 観）を行ずることであると説く。「止・観」はともに大乗仏教の重要な行業であるが、特に瑜伽行派の論書では、止観は瑜伽行そのものであると示され、また、聞薫習・意言・無分別智と唯識性に悟入してゆく瑜伽行は、具体的には止観の行であると説かれる。五念門は、この止観の修行によって、柔軟心（智慧）を完成してゆくとともに、一切衆生を救い、ともに極楽国に生まれることを願って利他の回向を実践し、慈悲心を成就してゆくことを目指す修行である。自利利他の二利を成就

することによって、三種の菩提門相違法（我心貪著自身・無安衆生心・供養恭敬自身心）を遠離し、三種の菩提門に随順する法（無染清浄心・安清浄心・楽清浄心）を満足して、四心（智慧心・方便心・無障心・勝真心）を成就するが、それは、妙楽勝真心とい

ナーランダ

う一心に帰する。こうして往生極楽の因が完成すると説かれる。止観によって得られた真如の智慧と、そこから生ずる利他慈悲心とを成就して極楽に往生するのである。五念門が、仏果の成就を目指す修行として組織されていることがわかる。このことは『浄土論』の末尾に置かれた次の文によって確認される。

　　菩薩はかくのごとく五門の行を修して自利利他す。速やかに阿耨多羅三藐
　　三菩提を成就することを得るゆゑなり。　　　　（『大正蔵』26, p.233a）

　ところで観察門に示された三厳二十九種の荘厳功徳の中、特に国土荘厳17種には、『解深密経』『摂大乗論』『仏地経論』等に説く十八円満（真諦訳では十八円浄）の影響が顕著である。瑜伽行派では、自性身・受用身・変化身の三身説によって仏身を論ずるが、その中、受用身所居の浄土、すなわち聖者のみが感得できる清浄世界の相として示されたのが十八円満（①顕色・②形色・③分量・④方所・⑤因・⑥果・⑦主・⑧輔翼・⑨眷属・⑩住持・⑪事業・⑫摂益・⑬無畏・⑭住処・⑮路・⑯乗・⑰門・⑱依持の円満）である。『浄土論』には、仏の自利利他功徳が成就したことを示すために仏国土17種荘厳を説いたと言い、その荘厳は、第一義諦妙境界相であると述べられている。瑜伽行派の浄土観に基づき、受用土の荘厳功徳成就を説いているのである。『浄土論』は、瑜伽行派の立場に依拠して、受用土への往生を目指す行者のための仏道修行の体系を示した書であると言える。

『無量寿経』や『阿弥陀経』は、万人の救済を目指す宗教として、浄土教を大乗仏教の中に位置づけ、それを承けた龍樹は、浄土教を凡夫救済のための法門と捉えた。一方世親は、瑜伽行派の教理に則して阿弥陀仏の身土を論じ、受用土としての極楽への往生を目的とする修行の体系を確立した。ここに後世の浄土教教理研究の中心課題となる、阿弥陀仏と極楽浄土の清浄性に関する議論、往生人の機根に関する議論、さらには衆生が極楽に往生するための実践に関する議論等の萌芽を認めることができる。しかしインドにおいては、『浄土論』が流布した形跡は見られず、これらの問題の解明は、浄土教が中国に伝わって以降に持ち越されるのである。

3．中国における浄土教教理研究の開始

　2世紀の半ば、初期の大乗経典が中国に伝来し翻訳される。その中に支婁迦讖訳『般舟三昧経』があり、阿弥陀仏信仰は仏教伝来当初の中国に紹介された。
　3世紀には『大阿弥陀経』『平等覚経』等、〈無量寿経〉の諸異本が訳出され、阿弥陀仏とその浄土の性格や、「往生」を中心とした衆生救済の論理等が明かされる。それに伴い、阿弥陀仏像が造られ始め、また極楽への往生を目指す者も現れる。しかしこの時点では、それらの経典が教理研究の対象となることはなかったようである。
　5世紀の初め、江南の廬山において慧遠が念仏実践の誓いを立てる。慧遠は中国における阿弥陀念仏の祖とされ、その門下には多くの極楽願生者を輩出するが、後世の浄土教教理に直接影響を及ぼすものではなかった。
　典籍研究に基づく阿弥陀仏信仰の教理組織化が本格化するのは、6世紀以降のことである。そのきっかけは、『阿弥陀経』『無量寿経』『観無量寿経』や、『浄土論』の訳出である。
　後秦の弘始3年（401）、長安に入った鳩摩羅什（344～413?）は、初期の大乗経典や龍樹の著述を翻訳するが、その中に『阿弥陀経』『十住毘婆沙論』が含まれていた。『阿弥陀経』は読誦経典として訳出直後から広く流布したようである。
　『無量寿経』の訳出については諸説あるが、劉宋の永初2年（421）、建康の道場寺で、仏陀跋陀羅と宝雲とが共訳したとする説が有力である。
　『観無量寿経』はそれよりやや遅れて、5世紀半ばごろの訳出とされる。『観無量寿経』は、『無量寿経』や『阿弥陀経』に比べて、凡夫の救済をより強調

する経典である。特に下品下生段に説かれた五逆十悪の極悪人の往生は、当時の人びとに大きな衝撃を与えたにちがいない。『観無量寿経』の訳出と、中国における浄土教教理研究の開始とは、密接な関係があると考えてよかろう。

梁・慧皎の『高僧伝』によると、曇弘（〜455）や法琳（〜495）は、『無量寿経』と『観無量寿経』とを読誦して西方に願生したと言われる。彼らがどのような学系に属するのかはわからないが、曇弘は交趾の仙山寺で、法琳は蜀の霊建寺で活動していて、『無量寿経』や『観無量寿経』が、訳出直後にかなり広範に流布していたことが知られる。また、法度（437〜500）は摂山棲霞寺で、宝亮（444〜509）は建康の霊味寺で、それぞれ『無量寿経』を講述したと伝えられる。たんなる読誦ではなく、講述が行われたということで、ここに浄土教経典の研究が開始された形跡を見出すことができるのである。

6世紀の初め、北魏の都洛陽において菩提流支（〜527）が、世親の『浄土論』を訳出する。曇鸞（476〜542？）の『無量寿経優婆提舎願生偈註』はその註釈書である。この書には、浄土教の教理を組織しようとする意図が明確に見られる。これをもって、中国における浄土教教理研究の先駆と考えるのである。

ここでは、中国浄土教の黎明期に出現した代表的人物として、廬山慧遠と曇鸞とを紹介したい。

（1）廬山慧遠

慧遠（334〜416）は、般若経の研究や禅観の実践等によって、初期中国仏教の発展に大きな役割を果たした人物である。また、廬山における念仏集会の創始者として、後には中国浄土教の祖と仰がれるようになる。

五台山のふもと山西省楼煩の出身で、幼い頃から古典に親しみ、特に老荘思想に明るかった。21歳の時、弟の慧持とともに、恒山で仏教を宣布していた道安の弟子となり、ここで『道行般若経』『放光般若経』『光讃般若経』に基づく般若学や、『安般守意経』『陰持入経』等に説かれた小乗の禅観を学んだ。その後、道安に従って湖北省襄陽に移るが、東晋の太元4年（379）、前秦王苻堅が襄陽を攻め落とした際、道安は苻堅の師として長安に迎えられた。慧遠は道安と別れて荊州へ行き、後に江西省廬山に移って、慧遠のために創

建された東林寺(とうりんじ)に入る。

　東晋の太元16年（391）、慧遠は廬山に僧伽提婆(そうぎゃだいば)を招いて経論の翻訳を求めた。ここに『阿毘曇心論(あびどんしんろん)』『三法度経(さんぼうどきょう)』が訳出され、説一切有部(せついっさいうぶ)教学研究の進展に寄与することになる。

　後秦の弘始3年（401）、鳩摩羅什が長安に迎えられると、慧遠は書簡を送って教えを請うた。両者の間に交わされた問答は、『大乗大義章(だいじょうだいぎしょう)』に収録されている。大乗仏教の仏身観、ことに法身の問題や、『法華経』に説かれる声聞の成仏に関する疑問、念仏三昧等の実践についての問題をはじめ、慧遠の提出したさまざまな質問に対して、羅什が龍樹教学を基盤とする広範な知識を駆使して懇切丁寧に答えている。

　羅什が『大智度論』100巻を訳出すると、慧遠はその要文を略抄して20巻としたという。大乗の禅観に深い関心を持っていた慧遠は、羅什が『坐禅三昧経(ざぜんざんまいきょう)』を訳したことを喜んだが、その羅什のもとから、仏陀跋陀羅が廬山にやってくると、請うて『達摩多羅禅経(だつまたらぜんきょう)』を訳させた。また、持律主義を堅持し、律典の充実を願って、羅什による『十誦律(じゅうじゅりつ)』の翻訳完成のために尽力している。

　『法性論(ほっしょうろん)』『三報論(さんぽうろん)』『沙門不敬王者論(しゃもんふきょうおうじゃろん)』等の論述や、「阿毘曇心序(あびどんしんじょ)」「三法度序(さんぽうどじょ)」「念仏三昧詩集序(ねんぶつざんまいししゅうじょ)」「大智論抄序(だいちろんしょうじょ)」等の序文のほか、讚文や書簡等、多くの著述をのこし、東晋の義熙12年（416）83歳(き)で没した。廬山に入ってより30余年、一度も山を下りることはなかったと言われる。僧祐『出三蔵記集(しゅつさんぞうきしゅう)』巻15、慧皎『高僧伝』巻6等に伝があり、また『世説新語(せせつしんご)』文学篇注には張野(ちょうや)が書いた「遠法師銘(おんほっしめい)」が収録されている。

　元興元年（402）7月、慧遠は劉遺民(りゅういみん)（354〜410?）ら123人の同志とともに、廬山般若台精舎(ろざんはんにゃだいしょうじゃ)の無量寿仏像の前で念仏三昧の成就を誓う。劉遺民の草した「立誓文(りっせいもん)」に、次のような文言が見える。

　　おもんみるに、この一会の衆は、それ縁化の理すでに明らかなれば、すなはち三世の伝あらはれ、遷感(せんかん)の数すでに符すれば、すなはち善悪の報ひさだまれり。交臂(こうひ)の潜淪(せんりん)を推りて、無常の期切なるを悟り、三報のあひ催すを審かにして、険趣の抜きがたきを知れり。これその同志諸賢(けん)が、夕につ

つしみ、宵につとめて、仰いで攸済者を思ふゆゑんのものなり。……今幸に、はからずして心を西境にあつめ、篇を叩ねて信を開けば、亮情天よりおこる。すなはち機象は寝夢に通じ、欣歓は子来に百す。ここにおいて霊図かがやきをあらはせば、景は神の造にひとしく、功は理によってかなひ、事は人運にあらず。これ実に天その誠を啓き、冥数来り萃まる者なり。心に剋み精をかさね思ひをかさね、もってその慮を凝らさざるべけんや。　　（『出三蔵記集』巻15『大正蔵』55, p.109c.『高僧伝』巻6『大正蔵』50, p.358c〜359a）

　彼らは、三世にわたる罪業の繋縛から抜け出すための救済者を求めて参集し、西方極楽の阿弥陀仏の教えに出会ったのである。意を凝らして阿弥陀仏を観想することによって、寝ても覚めても眼前に仏の世界が現れるような境地を求めている。廬山の念仏集会は、定中見仏を目指す人びとの集いであった。それは『般舟三昧経』によって念仏を説いた慧遠の思想を反映するものである。
　『大乗大義章』には、「念仏三昧を問う」一段があるが、そこでは、『般舟三昧経』に説く夢中見仏についての羅什の見解を求めているのみで、往生には触れていない。また、「念仏三昧詩集序」に示された念仏三昧に関する記述などは、明らかに『般舟三昧経』によって定中見仏を説いたものである。「念仏三昧詩集序」には集団で念仏することの意義を説く一節があって、念仏結社との関連がうかがわれる。おそらく結社創設の前後に著されたものであろう。そこには、次のように述べられている。

　ここをもって法を奉ずる諸賢、みな一揆の契りを思ひ、寸陰の頽影を感じて、来儲のいまだ積まざるを懼る。ここにおいて心を法堂に洗ひ、襟を清向に整へて、夜分は寝を忘れ、夙宵にこれ勤む。庶はくは、それ貞詣の功もって三乗の志に通じ、津に臨んで済ひて九縁と同じく往き、仰いでは超歩に援って茅をこの興に抜き、俯しては弱進を引いて策をその後に垂れんことを。　　　　　　（道宣『広弘明集』巻30所収『大正蔵』52, p.351c）

　集団で念仏するのは、先達者が後進を導くことによって修行を成就しやすい

3．中国における浄土教教理研究の開始　27

という効果があるからだと言う。目標は現身見仏にある。もし慧遠に往生極楽を願う信仰があるならば、ここに、「ともに往生を目指そう」等の記述があってしかるべきであろう。慧遠には願生信仰はなかったと考えられる。

ところが後世には、廬山の念仏集会は白蓮社（びゃくれんしゃ）と呼ばれ、往生極楽を目指す人びとの集いと認識されるようになる。宋代以降の中国において、また平安中期以降の日本において、往生極楽を目指しておびただしい数の念仏集会が結成されるが、それらは皆、廬山の集会に倣（なら）ったものと言われている。白蓮社という呼称はおそらく唐末以降のものであろうが、廬山の念仏集会を極楽願生者の集いとする資料は、かなり早くに見出される。たとえば上掲「立誓文」は、6世紀初めに著された『出三蔵記集』『高僧伝』等に見えるが、前文に廬山の集会を紹介して、「遠すなわち精舎の無量寿像のまえにおいて、斎を建て誓を立てて共に西方を期す」と、慧遠自身が往生極楽を願っていたように述べている。そのような見解は、おそらく「立誓文」の次の記述から導き出されたものであろう。

> 心に剋（きざ）み精をかさね思ひをかさね、もってその慮を凝らさざるべけんや。しかれどもその景績（けいせき）は参差（しんし）にして功福一ならず。晨祈（しんき）はここに同じといへども、夕帰はここに隔たれり。すなはち我、師友の眷としてまことに悲しむべきなり。ここをもってこれをなげき、あひ命じて衿を法堂に整へ、等しく一心を施し、懐を幽極にとどめ、誓ひてこの同人の倶に絶域（ぜついき）に遊ばんことを。それ鶩出絶倫（きょうしゅつぜつりん）にして、はじめて神界に登るものあるも、すなはち雲嶠（うんきょう）に独善することなく、幽谷に兼全するを忘れて、先進と後昇と、彙征（いせい）の道を勉思（べんし）せよ。しかるのちに大儀を妙観（みょうごん）し、心に貞照を啓けば、識は悟をもって新たまり、形は化によって革まらん。
>
> （『出三蔵記集』巻15『大正蔵』55．p.109c〜110a，『高僧伝』巻6『大正蔵』50，p.359a)

ともに念仏三昧の成就を目指して修行していても、各々能力に優劣あって果徳に差別が生ずるのは、仲間として悲しむべきことである。この上は皆で心を一つにして、かの西方極楽世界へ往生しよう。「絶域」とは、ここでは西方極

楽を指すと考えるのが妥当である。現世における修行の能力には優劣の差別があるけれども、優秀な者も独善的になることなく、先に往く者が後に続く者に手を差し伸べて、ともに極楽に往生しようと言うのである。

「立誓文」は慧遠の論述ではない。劉遺民の書である。「立誓文」によって、廬山の念仏集会を、往生極楽を願う人びとの集いと捉えることは誤りではない。しかしそれは慧遠自身の思想とはやや食い違っていたと考えるべきであろう。慧遠の目標はあくまでも現身見仏にあった。ところが廬山の結衆たちは現世での三昧の成就が困難であることを認識し、平等の救済を求め、三昧の成就を目指して極楽への往生を願ったのである。彼らの願生信仰に根拠を与えたのは、当時流布していた『大阿弥陀経』『平等覚経』等、〈無量寿経〉の古訳であったと考えられる。

しかし慧遠の没後、廬山教団は崩壊し、彼らの思想が、後世の浄土教教理に直接の影響を与えることはなかった。迦才『浄土論』の序文には、慧遠の活動を評して、「ついにこれ独り一身を善くするのみにして、後の学者承習するところなし」と述べられている。このような見解が唐代初期には一般的であったと考えられるのである。

（２）曇鸞

■曇鸞の生涯

曇鸞（476〜542?）は、中国における浄土教教理研究の先駆者である。五台山のふもと、山西省雁門の出身と言われるが、幷州汶水とする説もあって定かではない。若くして出家し、四論と仏性の学を修めた。

四論とは『中論』『百論』『十二門論』『大智度論』を言う。鳩摩羅什によって翻訳された中観派の論書で、当時の学僧が必ず学んだものである。曇鸞の著述中には、『大智度論』の引用が多く、また羅什門下の僧肇（384〜414）の『注維摩経』や『般若無知論』を引用している。彼が羅什門下の学系に属する四論学者であったことは認めてよい。

仏性の学とは、5世紀に中国全土に広がった涅槃学を指すものであろう。涅槃学の第一人者は道生（355〜434）である。道生は羅什に般若学を学び、ま

た廬山慧遠とも交流があった。後に建康で6巻本『泥洹経』の研究に没頭し、一闡提（icchantika 断善根＝成仏の素質を欠く者）も成仏できるという闡提成仏説を提唱する。この説は、曇無讖（385〜433）が421年に訳出した40巻本の『涅槃経』の出現によって承認される。『涅槃経』は、「一切衆生悉有仏性」を説く経典である。道生はこの経の宣布に努め、やがて涅槃学派がおこる。道生が建康を中心に活動したため、涅槃学ははじめ南地で栄えるが、やがて北地にも伝播し、中国全土に波及する。北地で活躍した曇准（439〜515）等は、南地の学説に批判的であったことが伝えられていて、北地では、南地とは異なった独特の涅槃学の伝統が形成されていたことがうかがわれる。曇鸞の頃には、北地でも涅槃研究は盛んだったのである。

　四論と涅槃とは、南北朝時代に隆盛を極めた学問の分野である。曇鸞の思想を構成する重要な要素となったものであろう。

　後に曇鸞は『大集経』の研究を志すが、病気のために中断せざるをえなくなった。治癒の後、研究を続けるためには長寿でなければならないと考え、長生法を学ぶため江南に赴いた。茅山派の道士で神仙の巨匠として誉れ高い陶弘景（456〜536）を尋ねようとしたのである。当時、江南は梁の武帝の治世下にあった。都の建康に達した曇鸞は、武帝と会見して仏性義を説いたと言われる。武帝の許しを得た曇鸞は、茅山を訪れ、陶弘景から仙経10巻を授けられたという。伝説の域を出ない話も含まれていよう。しかし曇鸞には『服気法』という著述が伝わっている。治病のための呼吸法を示した書である。道教的色彩は希薄であるということだが、彼が養生の法を研究していたらしいことが知られる。

　江南からの帰途、北魏の都洛陽を訪れた曇鸞は、菩提流支に会って『観無量寿経』（一説に『浄土論』）を授けられた。それが浄土教の研究を始めるきっかけとなる。伝説によると、曇鸞が菩提流支に、「私が学んできた長生法に勝るほどの教えが、仏教にはありましょうか」と問うたところ、菩提流支は地に唾して、「この世に少しばかり長生きしたとて束の間のこと。結局は生死輪廻の迷いを離れることはできない」と答え、「これぞ仏法における長生の大法、生死出ずべき法なり」と、『観無量寿経』を手渡したという。

　晩年、曇鸞は山西省太原の郊外、石壁山玄中寺に住し、浄土教の研究と宣

布に努め、東魏の興和4年（542）67歳で没する。ただしこれは道宣の『続高僧伝』の説である。迦才の『浄土論』には、「魏末高斉の初めなお在り」と、北斉時代（550〜）に存命であったとする記述がある。

伝記資料としては、『続高僧伝』巻6曇鸞伝、迦才『浄土論』巻下曇鸞伝、『往生西方浄土瑞応刪伝』曇鸞伝等がある。

主著は『無量寿経優婆提舎願生偈註』2巻。『往生論註』『浄土論註』『論註』等と略称される（以下『論註』と呼ぶ）。世親造・菩提流支訳『浄土論』の註釈書である。ほかに浄土教関係の著述として、『讃阿弥陀仏偈』1巻、『略論安楽浄土義』1巻が伝わる。この両書を一冊にまとめて『讃阿弥陀仏偈 並論』と標題した古写本が複数現存する。また上記の『服気法』は、『雲笈七籤』巻59に「曇鸞法師服気法」という標題で掲載されている。

■『論註』の大綱

阿弥陀仏信仰は、中国に伝わって以来さまざまな形を呈してきたが、それを「極楽への往生を目指す宗教」と捉え、その教理の体系を構築しようとしたのが曇鸞である。『論註』には、「往生浄土法門」という言葉が用いられている。「浄土教」という用語に相当する概念の初出と見てよかろう。また『論註』には、大乗仏教における浄土教の位置づけ、阿弥陀仏の仏身・仏土、往生の修因や所被の機類に関する問題等、後世の浄土教家が揃って議論した課題の多くが取り上げられている。この点でも『論註』は浄土教教理研究の先駆と言える文献である。

『論註』巻上の冒頭には、大乗仏教の中に浄土教を位置づける試みがなされている。続いて『浄土論』の随文解釈を展開する。初めに題号を解釈し、次に偈頌の全体を五念門に配当して註釈を施してゆく。ことに観察門の釈では、阿弥陀仏の依正荘厳が生起する因由を問うている。そして最後に8番の問答を設けて、凡夫往生の諸問題を論じている。

巻下は長行の註釈で、①願偈大意、②起観生信、③観察体相、④浄入願心、⑤善巧摂化、⑥障菩提門、⑦順菩提門、⑧名義摂対、⑨願事成就、⑩利行満足の10章からなる。

『論註』の基本姿勢は、巻上冒頭に置かれた、浄土教は大乗仏教の中でどの

ような位置を占めるのかという議論の中に明示されている。そこでは龍樹の『十住毘婆沙論』易行品の教説が重要な役割を果たしている。

龍樹は「易行品」に、諸・久・堕の難を避けて疾く阿惟越致(あゆいおっち)に至る方法として、信方便易行(しんほうべんいぎょう)を説いた。

石壁山玄中寺

諸仏・諸菩薩を念じ、その名を称えることによって、不退転を得ることができると言うのである。なかでも阿弥陀仏の名を称えるべきことが力説されている。龍樹は、易行の代表として阿弥陀仏の法門を紹介しているのである。

これを承けて曇鸞は、「菩薩、阿毘跋致(あびばっち)を求むるに二種の道あり。一には難行道、二には易行道なり」と言い、仏教を難行・易行の二道に分ける。五濁無仏の末世において難行道を成就するのは困難である。それに対し、易行道を次のように示す。

> 易行道とは、謂く、ただ信仏の因縁をもって浄土に生ぜんと願ずれば、仏願力に乗じてすなはちかの清浄の土に往生を得、仏力住持してすなはち大乗正定の聚に入る。正定はすなはちこれ阿毘跋致なり。たとへば水路の船に乗ずればすなはち楽しきがごとし。この無量寿経優婆提舎は、けだし上衍の極致、不退の風航なるものなり。　　　　　　(『大正蔵』40.p.826b)

易行道とは「信仏の因縁によって浄土への往生を目指す」仏教である。これをもって浄土教の定義と見ることができる。「仏願力に乗じて浄土に往生し、仏力に支えられて正定聚すなわち不退転(avaivartika 阿毘跋致、阿惟越致)を得ることができる」とは、易行である理由を述べたのであるが、同時にそれは浄土教の特徴と解せられる。往生の因と果とに仏の力が関与しているということである。そして『浄土論』を、易行道としての浄土教を説く論書と捉え、「大

乗仏教の極致、不退転に向かう順風満帆の船のような教え」と讃えているのである。

『浄土論』は、極楽を聖者のみが感得できる受用土であるとし、瑜伽行派の修行体系に則して往生浄土の実践を組織した文献である。易行を説こうとしたものではない。ところが曇鸞は、極楽を清浄世界であるとする『浄土論』の立場を継承しつつも、「易行品」の教説を用いて、浄土教は易行道であると主張する。易行道の枠組みの中で『浄土論』を理解しようとしたのである。『論註』は、『浄土論』の註釈書の体裁をとりながら、新たな浄土教教理の構築を目指した書であると言えよう。

■凡夫往生の理論

『論註』の特徴は、凡夫が清浄の浄土に往生できることを立証したところにある。その議論は、まず『論註』巻上末尾の八番問答に用意されている。その第1問答には、次のような問いが発せられている。

> 問ひて曰く、天親菩薩の回向の章の中に、「普共諸衆生、往生安楽国」と言ふ。これなんらの衆生とともにと指すや。　　　（『大正蔵』40, p.833c）

往生の機類を問うのである。『浄土論』の立場から言えば、ここの「普共諸衆生」は、「五念門を成就したすべての者とともに」と解される。それを曇鸞は、下品下生の悪人を含むすべての衆生と解釈しようとする。下品下生人の往生を議論するのにふさわしい論の文がほかにあれば、その文を挙げたはずである。ほかにはこの問題を論ずる糸口は見出せなかったのであろう。それは、『浄土論』には下根の凡夫の往生は説かれなかったということを意味する。

上の問いに対して曇鸞は、『無量寿経』巻下の第17・18願成就文と、『観無量寿経』下品下生段の文とを挙げ、一切の外（道）凡夫人も正法を誹謗さえしなければ「信仏因縁」によって往生できると答える。誹謗の罪人以外は、すべてが浄土教の救済の対象となることを主張するのである。

続いて曇鸞は、逆謗除取の問題を論じながら、下品下生人が臨終時に発する、「具足十念称南無阿弥陀仏」の念仏を取り上げ、「三在釈」と呼ばれる独

3．中国における浄土教教理研究の開始　33

特の見解を提示する。曠劫(こうごう)以来積み重ねてきた悪業と、臨終に起こすわずか十念の念仏と、どちらの業が重いのかという議論である。業の軽重は、時間の長短に在るのではなく、「心・縁・決定」の三つの要素に在ると言う。「在心」とは、その業を行う心の拠り所を言う。罪業は虚妄転倒(こもうてんどう)の邪見によって起こり、十念は真実の法によって起こる。虚と実とを比べて、実に依拠する業が重い。「在縁」とは、その業の起こる因縁を問う。罪業は妄想の心を因とし、虚妄の悪業の結果として存在する衆生を縁として起こされる。それに対し十念は、無上の信心を因とし、如来の名号を縁として起こされる。一方は衆生を縁とし、他方は如来を縁とする。その軽重は明白である。「在決定」とは、その業を起こす衆生の心の状態を問題にする。罪業は、まだ後があるという怠惰な心、他の思いの入り混じる散漫な心によって生じ、十念は、死に直面し切迫した心、救いを求める以外のことは何も浮かんでこない専一の心によって生ずる。よって後者の業が重いと言うのである。「在心」「在縁」の釈によって、十念には、真如実相の法にかなった如来の名号という後ろ盾があることを言う。さらに「在決定」において、五逆十悪の極悪人が臨終の瞬間に起こす十念の切迫感を評価するのである。

　さて『論註』には、独特の五念門観が提示されている。『浄土論』の五念門は、受用土を感得する聖者のための実践を説いたものである。曇鸞はそれを凡夫往生のための易行と捉えようとして、意図的な解釈を展開する。『論註』巻下「起観生信」の章である。

　最も特徴的なのは第二の讃嘆門の釈である。『浄土論』には、次のように説かれる。

　　いかんが讃歎する。口業をもって讃歎す。かの如来の名を称するに、かの如来の光明智相(こうみょうちそう)のごとく、かの名義のごとくす。如実に相応(そうおう)を修行せんと欲するがゆゑなり。　　　　　　　　　　　（『大正蔵』26, p.231b）

　如来の名を称えることによって、名義にしたがって如来の光明智相（受用身(じゅゆうしん)としてのはたらき）を感得し、相応（yoga 瑜伽(ゆが)）すなわち菩薩行の成就を目指すと言うのである。これに対し曇鸞は、次のように言う。

「かの如来の名を称す」とは、謂く、無礙光如来の名を称するなり。「かの如来の光明智相のごとく」とは、仏の光明はこれ智慧の相なり。この光明は、十方世界を照らすに障礙あることなし。よく十方衆生の無明の黒闇を除くこと、日・月・珠光のただ空(空＝室イ)穴の中の闇を破するがごときにはあらざるなり。「かの名義のごとく、如実に修行し相応せんと欲す」とは、かの無礙光如来の名号は、よく衆生の一切の無明を破し、よく衆生の一切の志願を満たす。

(『大正蔵』40, p.835b)

　まず讃嘆門を如来の名を称えることと規定し、次いで如来の名号には、衆生の煩悩を取り除き、志願を満たすはたらきがあるから、称名が往生の因となると言う。『浄土論』では、称名は、「如実に相応を修行する」手段であった。それを『論註』は、「(称名を)如実に修行することによって(如来の名義と)相応する」と読んで、称名の功徳を前面に押し出したのである。
　「如実に修行して名義と相応する」ことによって、称名は往生の因となる。その点を曇鸞は、次のように言う。

しかるに名を称し憶念することあれども、無明なほ在りて所願を満たさざるはいかんとなれば、如実修行せざると、名義と相応せざるによるがゆゑなり。いかんが如実修行せざると名義と相応せざるとする。謂く、如来はこれ実相身なり、これ為物身なりと知らざるなり。また三種の不相応あり。一には信心淳からず。もしは存し、もしは亡ずるがゆゑに。二には信心一ならず。決定なきがゆゑに。三には信心相続せず。余念間つるがゆゑなり。この三句展転してあひ成す。信心淳からざるをもってのゆゑに決定なし。決定なきがゆゑに念相続せず。また念相続せざるがゆゑに決定の信を得ざるべし。決定の信を得ざるがゆゑに心淳からず。これと相違せるを、「如実に修行し相応す」と名づく。このゆゑに論主、「我一心」と建言す。

(『大正蔵』40, p.835b～c)

　ここに、二知三信の称名が求められている。実相身とは真如実相にかなった自利円満の身、為物身とは衆生を済度する利他円満の身である。阿弥陀如来は、

真如より現れて衆生を救済する、自利利他円満の仏であることを知ること、そして「信心」が淳・一で相続すること。それによって称名は往生の因行となると言うのである。加えて曇鸞は、如来の名号は「名法相即」するから、名を称えることによって名号の功徳を享受することができると言い、称名の功徳を強調している。

続いて、作願門・観察門・回向門と順に註釈されてゆくが、そこで曇鸞は、この三念門を彼此二土にわたる修行と捉える。娑婆において修行を始め、それが完成するのは往生浄土の後であると言う。五念門の完成を往生後に持ち越すことによって、此土における易行性を主張するのであろう。しかも凡夫相応の劣行なのではなく、如来の名号のはたらきによって清浄性を付与された行であるから、清浄の浄土への往生の因となると言うのである。

さらに『論註』巻下「観察体相」の章には、次のような問答が設けられている。

> 問ひて曰く、上に、生は無生なりと知ると言ふは、まさにこれ上品生の者なるべし。もし下下品の人の、十念に乗じて往生するは、あに実の生を取るにあらずや。ただ実の生を取らば、すなはち二執に堕せん。一には、おそらくは往生を得ざらん、二には、おそらくはさらに生の惑を生ぜんと。答ふ。たとへば浄摩尼珠を、これを濁水に置けば、水すなはち清浄なるがごとし。もし人、無量生死の罪濁ありといへども、かの阿弥陀如来の至極無生清浄の宝珠の名号を聞きて、これを濁心に投ぐれば、念念の中に罪滅して心浄まり、すなはち往生を得。またこの摩尼珠を玄黄の幣をもって裹みて、これを水に投ぐれば、水すなはち玄黄にしてもっぱら物の色のごとし。かの清浄仏土に阿弥陀如来無上の宝珠あり。無量の荘厳功徳成就の帛をもって裹みて、これを往生するところの者の心水に投ぐれば、あに生見を転じて無生の智となすことあたはざらんや。また氷の上に火を燃くに、火猛ければすなはち氷解け、氷解ければすなはち火滅するがごとし。かの下品の人、法性無生を知らずといへども、ただ仏名を称する力をもって往生の意をなして、かの土に生ぜんと願ずるに、かの土はこれ無生の界なれば、見生の火、自然に滅するなり。（『大正蔵』40, p.839a〜b）

往生は、生死の繰り返しの先にあるのではなく、生死を超えて真如に随順してゆくことである。よって往生を目指す者は、菩提心としての願生心を起こし、菩薩行としての五念門を修さねばならない。それによって生即無生(しょうそくむしょう)の往生を遂げるのである。しかるに生即無生の理を知ることができるのは上品の者のみであろう。そのような能力のない下下品の者は、往生できないのではないか、もしくは往生を実の生死と捉えるような惑いを生ずるのではないかと問うのである。

　それに対し、三つの譬喩(ひゆ)を用いて、下下品人にも往生が可能であること(第1喩)、往生を実の生死と見る邪見は消えてゆくこと(第2・3喩)を主張している。

　第1喩に、摩尼宝珠に濁水を浄化する作用があるように、阿弥陀如来の名号には衆生の罪濁を滅するはたらきがあると言う。したがって、名号を聞くことにより、如来の功徳が心に届けられ、その思念の中に罪が滅せられて往生することができると言うのである。巻下「起観生信」の章の讃嘆門釈では、名号に功徳が備わっているから、称名によって無明が滅し往生の志願が満たされると述べられていた。ここでは、そのことを『観無量寿経』下品下生段の記述に則して示しているのである。

　第2喩では、阿弥陀如来が摩尼宝珠に、極楽依正荘厳が玄黄の幣に、そして下下品人の心が水に譬えられている。摩尼宝珠を玄黄の幣に包んで水に浸けると、宝珠の作用によって水が玄黄色に染まる。それと同様、極楽依正の荘厳は、その核に阿弥陀如来という宝珠を納めているから、如来のはたらきによって下下品人の心に極楽の荘厳が映し出される。それによって、往生を実の生死の繰り返しと見ていた誤った考えはおのずから取り除かれ、無生(むしょう)を悟る智慧が生ずると言うのである。

　第3喩は「氷上燃火」と呼ばれる。下下品人には法性無生を悟る智慧がない。ただ名号を称えるだけである。それでも称名のはたらきによって、極楽に生まれたいという願生の心が起こってくる。ただしその心の中には、見生(けんしょう)の火が燃えている。下下品人の願生心は、往生を実体的に捉えて願う心である。見生の火、すなわち無知によって汚染された欲望を伴う心である。しかしそれは、極楽という無生の世界に向かって発せられている。そこに意義がある。氷の上

で火が燃え続けることはできないのと同様、無生の浄土に往生を目指す心には、いつまでも見生の火が燃え続けることはないと言うのである。

これによって、無上菩提心としての願生心を起こすこともできず、菩薩行としての五念門の成就など望むべくもない下下品人も、名号を称えて願生すれば、無生の浄土への往生が可能であることが立証されている。

『論註』巻下の末尾、「利行満足」の章に、次のような問答が設けられている。

問ひて曰く、何の因縁ありてか、「速やかに阿耨多羅三藐三菩提を成就することを得」と言ふや。

答へて曰く、論に言く、「五門の行を修して、自利利他成就するをもってのゆゑなり」と。しかるに覈（まこと）にその本を求むるに、阿弥陀如来を増上縁（ぞうじょうえん）とす。他利と利他と、談ずるに左右あり。もし仏よりして言はば、よろしく利他と言ふべし。衆生よりして言はば、よろしく他利と言ふべし。今まさに仏力を談ぜんとす。このゆゑに「利他」をもってこれを言ふ。まさに知るべし、この意なり。おほよそこれ、かの浄土に生ずると、およびかの菩薩・人・天の所起の諸行とは、みな阿弥陀如来の本願力によるがゆゑなり。何をもってこれを言ふや。もし仏力にあらざれば、四十八願はすなはちこれ徒設（とせつ）ならん。今的（あき）らかに三願を取りて、もって義の意を証せん。願に言く、「たとひ我、仏を得んに、十方の衆生、至心に信楽し、我が国に生ぜんと欲して乃至十念せんに、もし生ずることを得ざれば正覚を取らじ。ただ五逆と誹謗正法とを除く」と。仏願力によるがゆゑに十念念仏してすなはち往生を得。往生を得るがゆゑに、すなはち三界輪転（さんがいりんでん）の事を免る。輪転なきがゆゑに。ゆゑに速やかなることを得る、一の証なり。願に言く、「たとひ我、仏を得んに、国中の人天、正定聚（しょうじょうじゅ）に住して必ず滅度に至らざれば正覚を取らじ」と。仏願力によるがゆゑに正定聚に住す。正定聚に住するがゆゑに、必ず滅度に至りて、もろもろの回伏の難なし。ゆゑに速やかなることを得る、二の証なり。願に言く、「たとひ我、仏を得んに、他方仏土のもろもろの菩薩衆、我が国に来生せば、究竟（くきょう）して必ず一生補処に至らん。その本願の自在に化するところありて、衆生のためのゆゑに、弘誓（ぐぜい）の鎧を被て徳本を積累（しゃくるい）し、一切を度脱して、諸仏の国に遊びて菩薩

の行を修し、十方の諸仏如来を供養し、恒沙無量の衆生を開化して、無上正真の道を立せしめんを除く。常倫諸地の行を超出し、現前に普賢の徳を修習せん。もししからざれば正覚を取らじ」と。仏願力によるがゆゑに、常倫諸地の行を超出し、現前に普賢の徳を修習せん。常倫諸地の行を超出するをもってのゆゑに。ゆゑに速やかなることを得る、三の証なり。これをもって推するに、他力を増上縁となす。しからざることを得んや。

(『大正蔵』40, p.843c〜844a)

『浄土論』には、五念門行を修して自利利他成就し、それによって速やかに悟りを得ると説かれる。しかし実は阿弥陀如来を増上縁とする。「利他」とは仏力の側に立った言葉である。利他成就とは、仏が衆生を救済する力を完成したという意味である。衆生の往生も、また往生後の諸行も、みな阿弥陀如来の本願力を縁として成就するからである。その本願力の縁を指して増上縁と言うのである。

続いて曇鸞は、本願力を増上縁として、速やかに悟りが得られるということを論証するため、『無量寿経』の第18・11・22願を引用する。十念念仏によって往生を得るのは、第18願力の助けによる。往生して正定聚に住し必ず滅度に至るのは第11願力の助け、往生の後通常の階梯を飛び越え、即座に普賢菩薩の徳を修めることができるのは、第22願力の助けによる。往生の因と果、そして往生後の活動のすべてにわたって、仏の本願力すなわち「他力」が後ろ盾となっていると言うのである。

浄土教を「他力に支えられて極楽への往生を目指す仏教」と捉えた所に、曇鸞の思想的特徴を見出すことができる。『論註』は、その立場を基盤として、阿弥陀仏と極楽浄土の清浄性を主張し、往生のための修行の体系を整備して、あらゆる衆生を対象とした救済の論理を構築しようとした著述であると言える。

曇鸞は中国における浄土教教理研究の先駆者である。しかし、曇鸞の著述と、隋から唐代初期の華北における浄土教教理研究の隆盛との間に、直接の因果関係を認めることは難しい。曇鸞の活動の拠点であった玄中寺は、山西省太原の近郊で、長安・洛陽といった華北仏教の中心地からかなり離れたところにある。後に道綽がこの地を訪れ、曇鸞の遺風に触れて浄土教を学ぶが、その道綽の

教えを受けた迦才・善導が、7世紀半ばに長安で活動するようになるまでは、曇鸞・道綽の名は長安ではあまり知られていなかったようである。

4．隋唐宋代の浄土教

　中国において浄土教の教理研究が隆盛となるのは6世紀末のことで、長安を中心に新興の唯識系学派がその主たる担い手となる。
　6世紀初め、北地に興った地論宗は、菩提流支系の北道派と勒那摩提系の南道派とに分かれる。両派ともに多くの極楽願生者を輩出するが、浄土教経典の註釈書を著すのは、南道派の浄影寺慧遠（523〜592）と霊裕（518〜605）である。浄影の『無量寿経義疏』『観経義疏』は現存する。霊裕にも『無量寿経』『観無量寿経』『浄土論』の註釈があったようであるが、今に伝わらない。
　その他の学派の見解としては、智顗（538〜597）が『維摩経文疏』巻1に示した四種浄土の説が重要である。そこに智顗は、「①凡聖共居の染浄国、②方便行人所居の有余国、③純法身大士所居の果報国、④究竟妙覚所居の常寂光土」の四土を挙げ、①②は応仏の所居、③は亦応亦報仏の所居、④は法身仏の所居であると言う。さらに凡聖同居国を二つに開いて、凡聖同居穢土と凡聖同居浄土とを立て、西方無量寿国は凡聖同居浄土であると主張する。極楽を三界内の応土と判ずるのである。ほかに智顗の著として『観経疏』『阿弥陀経義記』『十疑論』が伝わるが、いずれも7世紀末〜8世紀の成立であることが判明している。ただしそれらの文献に示された見解は天台説として尊重され、唐・宋代あるいは日本の平安期以降に隆盛となる天台浄土教においては指標の役割を果たす。
　また吉蔵（549〜623）は『大乗玄論』巻5に、「①凡聖同居土、②大小同住土、③独菩薩所住土、④諸仏独居土」の四種浄土を立てる。①は弥勒出現の時に凡聖ともに浄土の内院に住し、また三乗の賢聖が同居する九品往生の西方極

楽のごときものがこれにあたり、②は三乗の聖者が三界の分段身を捨てて赴く界外の浄土、③は香積世界・七宝世界等の純菩薩土、④は『仁王般若経』に、「ただ仏のみ一人浄土に居す」と説かれるような浄土であると言う。さらに西方極楽について五つの問題を論じ、(1)極楽は常住の世界であり、(2)麁の三界はないが細の三界はあること、(3)声聞があること、(4)実の人・天はないこと、(5)実の胎生はないことを明かしている。吉蔵も智顗同様、極楽を三界内の化土と見るのである。ただし吉蔵には『無量寿経義疏』『観経義疏』という著述があり、特に『観経義疏』では阿弥陀仏の身土に関して詳細な議論を展開し、極楽を分段生死の世界（化土）と判じながらも、一分変易生死の世界（報土）に通ずるという見解も提示している。

このほか同時代の浄土教典籍として現存するものに、彦琮（557〜610）の『願往生礼讃偈』等があるが、後世に最も大きな影響を与えたのは、浄影寺慧遠の見解である。おおよそ浄影の教学は、仏教学全般にわたって隋末・唐初の華北において最高の権威となり、朝鮮や日本の仏教にも絶大なる影響力を持つのである。

浄影の『無量寿経義疏』や『観経義疏』は、後の浄土教教理研究者の必ず参照するところとなる。後世の浄土教典籍を見ると、経文の語釈や基本的な教理説明の大部分が浄影説によってなされていることがわかる。また、浄影の見解と異なることを主張する場合には、浄影説を挙げてそれを批判するという形をとることが多い。浄土教の教理は浄影寺慧遠によってその根幹が定められたと考えてよかろう。以下、隋唐宋代の浄土教教理研究の展開について概観したい。

（1）地論宗・摂論宗における浄土教研究

■浄影寺慧遠の浄土教観

浄影寺慧遠（523〜592）は、敦煌の出身、北斉の鄴都において法上に師事し、地論宗南道派の教学を継承する。隋代になると、文帝の厚遇を得て長安の大興善寺に住し、後に浄影寺に移った。

浄影教学の大綱は『大乗義章』に示されている。その巻19「浄土義」「三仏義」に示された仏身仏土論と、『無量寿経義疏』『観経義疏』の記述とをあわせ

敦煌莫高窟

西安大慈恩寺

ると、浄影の浄土教観が知られる。『大乗義章』「三仏義」には、「開真合応」「開応合真」の三身説が示されている。浄影は、如来蔵（真心）を三身の体とみなし、その真心が縁によって功徳を生じ、また化を起こすことによって報身・応身が展開すると言う。これを「開真合応」と言い、その典拠として『十地経論』と『金剛般若経論』とを挙げる。無始の法性を「法」、酬因を「報」、感化を「応」と名づけると言うのである。また、「開応合真」は『金光明経』に説く真身・応身・化身の三身で、前者の法・報を合して真身とし、応を応・化二身に開いたものであると言う。一方『無量寿経義疏』『観経義疏』には、『無量寿経』や『観無量寿経』に説かれた阿弥陀仏は、応身仏であると述べられている。よって極楽は応土ということになる。後の摂論宗や法相宗で言うところの変化身・変化土に当たる。もちろんこの「応」は「真」に依拠するものであるから、真身の阿弥陀仏をも認めるのであるが、『無量寿経』『観無量寿経』に示された身土はあくまでも応身・応土であると言うのであって、浄土教を凡夫相応の劣った法門と捉えていたことがわかる。浄影教学における浄土教の位置づけは、この見解の上に端的に表されている。

ところが『無量寿経』三輩往生段や『観無量寿経』三輩九品往生段に対する浄影の釈を見ると、上の立場と矛盾するようにも思われる。

『無量寿経』三輩往生段、『観無量寿経』三輩九品往生段には、極楽往生人が

その行業の優劣によって三または九段階に分けられ、それぞれの往生人の平生の行業、臨終の相、往生してゆく様子等が説かれている。ここに極楽往生人の機類が網羅されていると考えるならば、各往生人の行位を求めることによって、浄土教の所被の機類を明らかにすることができよう。浄影以来、多くの浄土教典籍において議論されるようになった問題である。

浄影の『観経義疏』によると、上品上生は四・五・六地、上品中生は初・二・三地、上品下生は種 性 解 行の位であり、小乗人の前三果が中品上生、見道以前の内外二凡で持戒して出離を求める者が中品中生、見道以前の世俗の凡夫で世福によって出離を求める者が中品下生、そして、大乗始学人の罪の軽重によって下品三生が分かれるとされる。また『無量寿経』の三輩と『観無量寿経』の九品とはたんなる開合の異であると言う。よってこの両経はともに、地上の聖者から罪悪の凡夫までを包摂して、その往生を説いていることになる。地上聖者の感得する浄土は受用土、すなわち報土であるから、経所説の身土を応身・応土とする立場との間に矛盾を生ずることになる。この点は諸先学が詳しく考究され、浄影教学の中では説明され得るようであるが、後世の浄土教教理研究者には大きな問題をのこすことになる。

■弥陀極楽通報化説の成立

浄影の晩年、曇遷（542〜607）によって長安に摂論宗が伝えられた。摂論宗は、真諦訳『摂大乗論』を所依とする学派で、はじめ南地に栄えたが、曇遷が彭城の慕聖寺や長安の大興善寺で『摂大乗論』の講義を行ったことにより北地にも伝播した。長安では浄影もその講席に列し、大きな影響を受けたという。

『摂大乗論』には、自性身（法身）・受用身（報身）・変化身（応身）の三身が説かれる。仏土はその三身の所居として示されるが、ここに言う自性身は無相を特色とするもので、本来はその所居の土を立てるべきではない。また、変化土は地前凡夫の所居と言われるが、その内容は釈尊出世の娑婆と変わらない。したがって『摂大乗論』に言うところの浄土とは、地上聖人所居の受用土のみということになる。『摂大乗論』はその浄土の相を十八円浄で示す。その説は世親『浄土論』に示された極楽浄土の荘厳相とほぼ一致する。よって阿弥陀仏

の極楽は、地上聖人のみが感得できる受用土であると結論されるのである。

それとともに『摂大乗論』には、阿弥陀仏信仰に対する批判的な記述が見える。いわゆる「別時意説」である。経には、多宝仏の名を誦持する者は成仏が決定するとか、ただ発願するだけで安楽仏土に往生できる等と言われるが、それらは別時の遠因を説いたに過ぎないと言うのである。摂論宗ではこれを『観無量寿経』を批判する教説と捉える。『観無量寿経』には、修行を伴わない凡夫や極重の悪人が、ただ極楽に往生したいと願って、「南無阿弥陀仏」と仏の名を称えるだけで往生できると説かれる。それはちょうど、千銭を得ようとする者が一銭を手にしたという程度のことである。『観無量寿経』に、「即得往生」と説かれるのは、凡夫が遼遠の未来を思って意気消沈するのを励ますための方便説である。凡夫が即座に報土に往生できるはずがないと言うのである。

浄影の立場によっても、摂論宗の立場によっても、浄土教による凡夫の救済は困難だということになる。6世紀末の長安では、浄土教の存在意義そのものに疑問が呈せられたようで、懐感の『群疑論』によると、『摂大乗論』の伝播以来、長安では往生極楽を目指す者がいなくなったということである。ようやくその緒についたばかりの浄土教教理研究は、大きな問題をかかえて行き詰まってしまったのである。

これらの問題に対する打開策は摂論宗内で検討されたようである。7世紀初頭、道基（577?〜637）・法常（567〜645）・智儼（602〜668）・道世（〜668?）等の著述中に苦心の痕跡が看取される。

道基・法常の著述は現存しないが、鎌倉時代の凝然の著『維摩経疏菴羅記』巻7にその見解が紹介されている。智儼の説は『華厳経孔目章』巻1に、道世の説は『法苑珠林』巻15にある。彼らはみな摂論宗の法系に連なるが、阿弥陀仏信仰を非難することなく会通を試み、そこから「弥陀極楽通報化説」が生まれてくる。

阿弥陀仏が三身を具していると考えることには異論はない。問題は『無量寿経』『観無量寿経』等に説かれた阿弥陀仏、すなわち救済の主体としての仏が受用身か変化身かというところにある。それは、極楽は受用土か変化土かという問題をも含めて、究極的には、浄土教は凡夫のために説かれた教えなのか、それとも聖者を対象としているのかという、所被の機類に関する議論、いわゆ

る機根論に集約されるのである。

彼らは、経所説の阿弥陀仏は受用身と変化身の両方であり、したがって極楽も受用土と変化土の両方に通じていると考える。これによって、浄影説の矛盾がある程度説明でき、また『摂大乗論』の別時意説による非難をかわすことも可能である。唯識学の教理体系の上に浄土教を位置づけることに成功したと考えてよかろう。地上聖者は受用土を感得し、地前凡夫は変化土に往生する。ともに阿弥陀仏の救済活動の場である。浄土教を凡夫と聖者の両方を対象とする教えと捉えたのである。三輩九品は凡夫・聖者の両方を含むということである。

この会通は一応の説得力を持つが、依然として乗り越えられない壁がある。聖者のための宗教は凡夫には修し難く、凡夫のための法門は低劣だということ、つまり凡夫が報土に往生する道は遙か彼方だということである。この問題に立ち向かったのが道綽・善導である。

（2）道綽と善導

■道綽

道綽（562〜645）は山西省汶水あるいは晋陽の出身、涅槃学の研究者として活躍し、また開化寺慧瓚に就いて戒律と禅定を学んだという。48歳の時、石壁玄中寺において曇鸞の碑を見、以後玄中寺に住して念仏と浄土教の講説とに努めた。

主著『安楽集』2巻は、『観無量寿経』を所依として浄土教の教理を組織した書である。12大門よりなる。

第1大門冒頭に、まず時機相応の仏教を求めて、末世五濁の衆生は、阿弥陀仏の名号を称し極楽に帰することによってのみ出離が可能であると言い、「浄土の一門」に趣入することを勧めている。同様の議論が第3大門にもあり、そこには次のように述べられている。

> 第五にまた問ひて曰く、一切衆生みな仏性あり。遠劫よりこのかたまさに多仏に値ふべし。何によりてか今に至るまで、なほ自ら生死に輪廻して火宅を出ざる。

答へて曰く、大乗の聖教によるに、まことに二種の勝法を得て、もって生死を排はざるによる。ここをもって火宅を出でず。何者をか二となす。一には謂く聖道、二には謂く往生浄土なり。その聖道の一種は、今の時証しがたし。一には大聖を去ること遥遠なるによる。二には理は深く解は微なるによる。このゆゑ大集月蔵経に云く、「我が末法の時のうちに、億億の衆生、行を起し道を修すれども、いまだ一人として得る者あらず」と。当今は末法にして、現にこれ五濁悪世なり。ただ浄土の一門のみありて、通入すべき路なり。このゆゑに大経に云く、「もし衆生ありて、たとひ一生悪を造れども、命終の時に臨みて、十念相続して我が名字を称せんに、もし生ぜざれば正覚を取らじ」と。　　　　　　（『大正蔵』47, p.13c）

　古来「聖浄二門判」と呼ばれる釈である。ここにも時機相応の実践として称名念仏を勧める記述があるが、その根拠として、一生造悪の凡夫を臨終十念の称名念仏によって往生させようという、阿弥陀仏の誓願を挙げている。『無量寿経』第18願文と『観無量寿経』下品下生の文とを合糅したものである。これにより、称名念仏を本願に誓われた行と位置づけたのである。
　第１大門の後半では、阿弥陀仏の身土を論じている。そこに法報化の三身三土の問題を扱い、弥陀極楽を報身報土と判じている。ただし道綽は、仏因位の願行に酬いて現成する浄土を報土と言い、浄土において得道する仏を報身と言うのであって、『摂大乗論』等に説かれる受用身土と同義ではない。道綽は、極楽は凡聖通じて往生する世界であると言い、報土の中に優劣があることを認めて、極楽を娑婆に隣接する浄土の初門と位置づける。道綽の言う報身報土は、一分化身化土の意を含むものであったと言える。
　往生の因に関しては、第２大門に発菩提心を挙げ、第４大門に念仏三昧の義を論ずる。道綽の言う念仏三昧は、観念と称名の両義を含むものである。ただし随所に曇鸞の意を承け、臨終十念の称名念仏の意義を強調している点は注目に値する。
　また、『摂大乗論』の別時意説に対しては、第２大門において、宿善論を導入して会通を試みている。『観無量寿経』に、下品の重罪人が臨終に善知識の教えに遇い、十念成就して速やかに往生を得ると説かれるのは、宿世に善業を

修めた者にのみ当てはまる教説であり、過去の善因がなければ善知識に遇うことさえできないと言うのである。

『安楽集』は、曇鸞の立場を継承し、称名念仏の意義を強調して凡夫往生の理論を追求したところにその特徴を認めることができる。また弥陀身土論や別時意説の会通釈には、7世紀の長安に生じた教理上の問題に対処するという意図がうかがわれるのである。

■善導

善導（613〜681）は山東省臨淄の出身、安徽省泗州の人とする説もある。二十数歳の頃、玄中寺道綽に出会って浄土教を学んだという。後に終南山悟真寺や、長安の光明寺・実際寺等に住し、念仏の実践と流通に努めた。主著『観経疏』は「玄義分」「序分義」「定善義」「散善義」の4巻からなる。ほかに『法事讃』2巻、『観念法門』『往生礼讃』『般舟讃』各1巻があり、古来「五部九巻」と呼ばれている。

『観経疏』は、後跋に見える、「某、今この観経の要義を出して、古今を楷定せんと欲す」という記述によって、古今諸師の『観無量寿経』解釈の是正を目的とする書であると言われている。ことに「玄義分」には、従来の見解を批判し自説を提示する「和会門」という一章が設けられている。そこには、まず『観無量寿経』所説の九品往生人の行位に関する問題が取り上げられている。善導は、凡聖に通ずという諸師の説を否定して、九品のすべてを凡夫と判じ、「ただこの観経は、仏、凡のために説く。聖のためにせざるなり」と述べている。

次いで『摂大乗論』所説の別時意説について論ずる。『観無量寿経』下品下生段に説かれた具足十念の称名念仏は「唯願無行」であり、したがって即得往生の経説は別時意であると主張する諸師の見解を批判して、次のように述べている。

今この観経の中の十声の称仏は、すなはち十願十行ありて具足す。いかんが具足する。南無と言ふはすなはちこれ帰命なり、またこれ発願回向の義なり。阿弥陀仏と言ふはすなはちこれその行なり。この義をもってのゆゑ

に必ず往生を得。
(『大正蔵』37, p.250a～b)

「南無阿弥陀仏」の称名には、願と行とが具足しているから、即得往生の経説は別時意ではないと言うのである。

さらに、極楽を化土と判ずる諸師の説を否定し、弥陀浄国は法蔵因位の願行に酬報した殊妙の報土であり、その報土に凡夫が往生できるのは、仏の願力という強縁によるからであると述べている。

終南山

『観経疏』の特徴は、浄土教を凡夫のための仏教と位置づけ、凡夫が殊妙の報土に往生するための理論、いわゆる「凡夫入報」の教理を探求したところにあると言える。

凡夫入報の教理は、主として「散善義」に用意されている。善導は特に上品上生段に見える「至誠心・深心・回向発願心」の三心に注目し、「三心を弁定してもって正因となす」と言い、また、「三心すでに具すれば、行として成ぜざるはなし。願行すでに成じて、もし生ぜずは、この処あることなからん。またこの三心はまた通じて定善の義を摂す、知るべし」と言うなど、三心を往生行の全体に通ずる心として尊重している。

至誠心とは真実の心、深心は深く信ずる心、回向発願心は自他所修の善根のすべてを真実の深信の心中に回向して極楽への往生を願う心である。深心釈の冒頭に次のような記述がある。

> 深心と言ふはすなはちこれ深く信ずるの心なり。また二種あり。一には決定して深く、自身は現にこれ罪悪生死の凡夫、曠劫よりこのかた常に没し常に流転して、出離の縁あることなしと信ず。二には決定して深く、かの阿弥陀仏の四十八願は衆生を摂受すること、疑なく慮りなくかの願力に乗じて定めて往生を得と信ず。
> (『大正蔵』37, p.271a～b)

古来「機・法の二種深信」と呼ばれ、信の内容を定めた教説である。自身を本来出離の縁のない凡夫であると信知するとともに、その凡夫が、阿弥陀仏の願力に乗ずることによって必ず往生することができると信知せよと言うのである。凡夫往生の根拠を示したものと言えよう。

　次に善導は、凡夫往生の実践について、次のように述べている。

　　次に行に就きて信を立つとは、しかるに行に二種あり。一には正行、二には雑行なり。正行と言ふは、専ら往生経の行によりて行ずるは、これを正行と名づく。何者かこれなるや。一心に専ら此の観経・弥陀経・無量寿経等を読誦し、一心に専注してかの国の二報荘厳を思想し観察し憶念し、もし礼するにはすなはち一心に専らかの仏を礼し、もし口に称するにはすなはち一心に専らかの仏を称し、もし讃歎供養するにはすなはち一心に専ら讃歎供養す、これを名づけて正となす。またこの正の中につきてまた二種あり。一には一心に専ら弥陀の名号を念じて、行住坐臥に時節の久近を問はず念念に捨てざるは、これを正定の業と名づく。かの仏の願に順ずるがゆゑなり。もし礼誦等によるをすなはち名づけて助業となす。この正助二行を除きて已外の自余の諸善は悉く雑行と名づく。

　　　　　　　　　　　　　　　　　　　　　　　（『大正蔵』37, p.272a～b）

　古来「就行立信」と呼ばれる釈である。阿弥陀仏を本尊として修する「読誦・観察・礼拝・称名・讃嘆供養」の五種の行を正行とし、その他の行を雑行と呼ぶ。さらに五正行の中、第四の「称名」を正定業とし、その他の四行を助業とする。称名を正定業とするのは、阿弥陀仏の本願に随順するからであると言う。

　善導は、『無量寿経』第18願文を種々に読みかえている。たとえば「玄義分」には、次のように言う。

　　もし我、仏を得んに、十方の衆生、我が名号を称して我が国に生ぜんと願ぜんに、下十念に至るまで、もし生ぜざれば、正覚を取らじ。

　　　　　　　　　　　　　　　　　　　　　　　（『大正蔵』37, p.250b）

『観念法門』では、次のように言う。

　　もし我、成仏せんに、十方の衆生、我が国に生ぜんと願じて、我が名字を称すること、下十声に至るまで、我が願力に乗じて、もし生ぜざれば、正覚を取らじ。　　　　　　　　　　　　　　　　（『大正蔵』47, p.27a）

『往生礼讃』には、次のように述べている。

　　また無量寿経に云ふがごとし、「もし我、成仏せんに、十方の衆生、我が名号を称すること、下十声に至るまで、もし生ぜざれば、正覚を取らじ」と。かの仏、今現に世にありて成仏す。まさに知るべし、本誓重願虚しからず、衆生称念すれば必ず往生を得。　　　　（『大正蔵』47, p.447c）

　これらの解釈によって、称名念仏を本願随順の行とするのである。この見解は、先に触れた『安楽集』聖浄二門判に見える道綽の第18願観を承けたものと言える。
　さて、「散善義」三心釈の末尾に説かれた「二河譬」は、善導教学の全体像を示すものと言われる。西に向かう一人の旅人の前方に、忽然と水火二河が現れる。対岸まではわずか百歩ほどだが、南北は果てしなく行く手を塞いでいる。水火の中間に四五寸ばかりの白道があるが、水火常に押しよせ、進むのはあまりに危険である。空曠の原野に知人はなく、群賊悪獣が旅人の命を狙って迫り来る。往くも死、還るも死、止まるも死である。意を決して白道を行こうとした時、後方すなわち東方より、「この道を尋ねて行け」という声があり、また対岸すなわち西方より、「ただちに来たれ、必ず護らん」という声が聞こえてきた。そこで旅人はこれらの声を信じ、一心に進んで西岸に到着し、善友と会うことができたという話である。東岸は娑婆、西岸は極楽、群賊悪獣は衆生の六根・六識等、水火二河は貪瞋煩悩、白道は清浄の願生心と本願力、そして東方の声は釈迦の発遣、西方の声は阿弥陀仏の本願の招喚に譬えられているのである。
　善導は、いかなる凡夫も、阿弥陀仏の名を称すれば、仏の本願に随順するが

ゆえに、本願力に乗じて本願成就の報土に往生することができると主張する。極悪の凡夫が極善の報土に即座に往生すると言うのである。救済の理論を阿弥陀仏の本願力の側で組織することによって凡夫入報の根拠を明示し、長安の諸学派が提唱した浄土教の通説を覆そうとしたのである。この見解は、諸方面に大きな衝撃をもって迎えられたことであろうが、長安仏教の主流学派の賛同を獲得するには至らなかったようである。唐代初期の長安における浄土教教理の主流は、浄影教学や摂論宗の立場をさほど逸脱するものとはならなかった。

香積寺（西安郊外）
善導の骨を納めた塔

その一因として、玄奘（602〜664）が、西方往生の法門は別時意であると主張し、自ら弥勒の兜率天を目指したことを挙げることができる。以後法相宗には弥勒信仰が隆盛となるのである。基（632〜682）の『大乗法苑義林章』巻7「仏土章」には、「自性身所居の法性土・自受用身所居の自受用土・他受用身所居の他受用土・変化身所居の変化土」の四土を挙げ、『観無量寿経』等に説く極楽浄土については、他受用土であるとする説と、報化二土に通ずという説とを挙げている。他受用土説は、玄奘の見解を継承して、十念往生を別時意とする立場であり、通報化説は、唐初以来の唯識学派の伝統を承けたものと言える。これが7〜8世紀の長安における標準的な見解だったと見てよかろう。

道綽に学んだという迦才でさえも、唯識学派の見解を尊重している。迦才『浄土論』3巻には、道綽の立場を継承して、称名念仏の意義を明確にするなど、凡夫往生の根拠が提示されている。ただしその弥陀身土論は、あくまでも通報化説を踏襲するのである。

しかし曇鸞・道綽・善導と継承された玄中寺流浄土教の伝播が、長安の浄土教教理研究に新風を吹き込んだことは確かで、道誾『観経疏』・懐感『群疑論』等の著述には、唯識教学に立脚しながらも、凡夫救済の教理を追求する姿勢が

見える。
　また、インド求法の旅を終えて長安に帰った慧日(680～748)は、『略諸経論念仏法門往生浄土集』を著して上尽一形下至十念の称名念仏による往生を説き、その弟子承遠に学んだ法照は、『浄土五会念仏誦経観行儀』3巻(中・下2巻現存)、『浄土五会念仏略法事儀讃』1巻を著して五会念仏を提唱した。五会念仏とは、五音の曲調に合わせて仏名を称する、称名念仏の実践である。『無量寿経』巻上に、「清風時に発して五つの音声を出す。微妙の宮・商自然にあひ和す」とあるが、それは極楽の水鳥樹林の奏でる「南無阿弥陀仏」の音声であると言う。それを模して五種類の音程で念仏を称えるのである。神秘的な曲調に乗せて歌う五会の念仏は、五台山や長安をはじめ華北一円に流行したと言われる。一方江南においては、少康(～805)が、浙江省烏龍山に浄土道場を建てて日夜浄土を称揚した。彼が高声に阿弥陀仏を称すると、一声毎にその口から仏が現れたという。少康は後世「後善導」と称され、『往生西方浄土瑞応刪伝』は、彼が文諗と共に編纂したものと言われている。彼らはいずれも称名念仏の実践者であり、思想的には善導の影響下にあると言えるのである。

(3) 宋代の浄土教

　天台宗において、『観経疏』『阿弥陀経義記』『十疑論』等智顗に仮託された浄土教典籍が流布するのは8世紀以降のことであり、湛然(711～782)の弟子法聡が『観経疏』の註釈書『釈観経記』を著し、飛錫の『念仏三昧宝王論』には『十疑論』への言及が見える。宋代に至っては螺渓義寂(919～987)の弟子澄彧が『註十疑論』を著している。義寂の衣鉢を継いだ義通(927～988)の門下には、四明知礼・慈雲遵式が出て趙宋天台の教学を整備するが、彼らは共に浄土教の研究・実践においても特筆すべき業績をあげている。
　知礼(960～1028)は浙江省四明の出身、20歳で義通の弟子となり、四明保恩院に住した。山家派の中心人物で、『金光明経文句記』6巻(或12巻)、『十不二門指要鈔』2巻等の著述があり、また日本の源信より送られた27条の問いに答えたことでも知られる。浄土教に関しては、『観経疏妙宗鈔』6巻、

『観経融心解』1巻が伝わる。
　『観経疏妙宗鈔』は、『観無量寿経』の宗旨を「約心観仏」と見たところに特徴がある。巻1冒頭に次のような記述が見える。

> 果徳円明の体は、これ我が凡夫本具の性徳なるがゆゑに、一切教所談の行法は、この覚体を顕さんがためにあらざることなし。……この観門および般舟三昧のごときは、かの安養依正の境に託して、微妙の観を用ひ、専ら弥陀に就いて、真仏の体を顕す。彼の境に託すといへども、依正は同じく一心に居すと知るべし。心性は遍周して、法として造らざるはなく、法として具せざるはなし。（『大正蔵』37, p.195a〜b）

　阿弥陀仏の体は凡夫本具の性徳であり、『観無量寿経』所説の十六観は、般舟三昧と同じく、極楽依正の荘厳に託して我心本具の覚体を顕すための観法であると言うのである。さらに『観無量寿経』の宗体について知礼は次のように述べている。

> 二に「此経」の下、経の宗体を叙ぶ。心観とは、経には観仏をもって題目となし、疏には今すなはち心観をもって宗となす。この二、殊なることなし。……大乗の行人は、我が一心に諸の仏性を具すれば、境に託して観を修さば仏相すなはち彰はるを知る。今弥陀の依正を観ずるを縁として、心性に薫ずれば、心性所具の極楽依正、薫によって発生す。心具にして生ずるなり。豈に心性を離れんや。全心これ仏、全仏これ心なり。終日心を観ずれば、終日仏を観ず。（『大正蔵』37, p.197c）

　「心観」を宗とする天台『観経疏』の説を尊重して、心観と観仏とは同一であると言い、依正を観ずることを縁として自らの心性に薫ずれば、我心本具の依正が薫ぜられて顕現するのであり、我心と阿弥陀仏とは一体であると主張するのである。
　遵式（964〜1032）は浙江省寧海の出身、道俗集団を率いて修懺念仏の実践につとめた人物で、その規範を定めた著述『往生浄土懺願儀』1巻、『往生浄土

決疑行願二門』1巻が伝わる。

『往生浄土懺願儀』は、「厳浄道場・方便法・正修意・焼香懺悔・礼請法・讚歎法・礼仏法・懺願法・旋遶誦経法・坐禅法」の十法によって浄土の懺法を規定した書で、主として『無量寿経』『阿弥陀経』『浄土論』の教説が用いられている。

また『往生浄土決疑行願二門』では、「決疑・行願」の二門を立てて、日常実践の法規を示している。決疑門では、疑慮を廃して正信を立てることを勧め、行願門では、「礼懺門・十念門・繋縁門・衆福門」の四門によって行願の方法を明かす。なかでも十念を往生の正因とし、称名念仏の方法を説いている。また遵式は、知礼と同じく唯心浄土を説くが、それは上品人に対する教説であると言い、中・下品人に対しては、ただ禁戒を持ち世間の仁慈を行ぜよと言い、さらに下々品の逆悪人に対しては十念によって往生することができると述べている。

義通・知礼の山家派に対し、義寂と同門の志因から晤恩・源清と次第する非主流派を山外派と呼ぶ。山外派の源清は『観経疏顕要記』2巻を著し、その弟子孤山智円（976〜1022）は『阿弥陀経疏』1巻を著している。智円は、『阿弥陀経』の宗旨を「信願浄業」と見、ただ散善を説いて初心の者に対した経であり、『観無量寿経』が定業を説いて円教の機を対象としたのに比べて、劣った経であると述べている。

天台宗はその後知礼の法流が栄え、浄土教の分野では宗暁（1151〜1214）が出て、『楽邦文類』5巻を編纂する。浄土教に関する経論の要文や古徳の書220編余を集めたもので、廬山慧遠の「念仏三昧詩集序」や劉遺民の「廬山白蓮社誓文」、蘇軾の「画阿弥陀仏像偈」など貴重な文献を収めている。

他の学派で注目すべきは、南山律の研究者で『四分律行事鈔資持記』の著者として知られる元照（1048〜1116）である。彼は浙江省余杭の出身、西湖霊芝の崇福寺に住した。南山律のほか天台に通じ、後年は念仏の実践にも力を注いで、『観経義疏』3巻、『阿弥陀経義疏』1巻を著している。

『観経義疏』において元照は、娑婆入道の行としての「観心」と往生浄土の行としての「観仏」とを区別すべきことを主張し、『観無量寿経』は極楽依正の荘厳を観ずる観仏を説くことを主眼とするのであって、我心所見の仏を観ず

る観心を説く経ではないと言う。これは知礼の約心観仏説を批判したものと言える。ただし唯心浄土の道理そのものを否定するのではない。それを悟ることのできない者に対して、安易に我心即浄土と説くことを批判するのである。

また『阿弥陀経義疏』には、「執持名号」の教説に注目して次のように述べている。

> 所謂布施・持戒・立寺・造像・礼誦・坐禅・懺念・苦行の一切の福業も、もし正信回向して願求することなくば、みな少善となす。往生の因にあらず。もしこの経に依れば、名号を執持すれば決定して往生す。すなはち知る、称名はこれ多善根・多福徳なることを。昔この解をなす人、なほ遅疑あり。近く襄陽石碑経本を得るに、文理冥符し、始めて深信を懐けり。彼に云ふ、「善男子善女人、阿弥陀仏の説くを聞きて、一心不乱に専ら名号を持たば、称名をもってのゆゑに諸罪消滅す。すなはちこれ多功徳・多善根・多福徳の因縁なり」と。……次の七句は期限を示す。一日七日は人に随って要約す。今経の制法は理として必ず依承せよ。もし大本・観経に準ずれば、すなはち日の限なし。下十念に至るまでみな往生を得。十念とはすなはち十声也。……善導問ふて曰く、「何がゆゑぞ観をなさしめず、ただ専ら名号を称せしむるは何の意かあるや」と。答へて曰く、「すなはち衆生障重くして、境は細、心は麁なるにより、識颺り神飛びて、観成就しがたし。ここをもって大聖悲憐して、ただ勧めて専ら名号を称せしむ。正しく称名は易きによるがゆゑに、相続してすなはち生ず」と。また云ふ、「弥陀世尊、もと深重の誓願を発して、光明・名号をもって十方を摂化す。ただ信心をもって求念せしむれば、上一形を尽くし下十声一声等に至るまで、仏願力をもって易く往生を得」と。　　　　　　　（『大正蔵』37, p.361c〜362a）

布施・持戒等の一切の福業は少善根であり、称名こそが多善根であると言い、その文証として、襄陽石経に刻まれた『阿弥陀経』の一節を示している。さらに『無量寿経』『観無量寿経』の説を用いて、下至十声の称名が往生の因となることを主張し、その根拠として善導『往生礼讃』の文を引用する。善導は、釈尊は観仏に堪えない者を憐愍して称名を勧め、阿弥陀仏は本願に上尽一形下

至十声一声等の称名による往生を誓ったと言う。この見解を指針として、元照は凡夫の救済を重視する浄土教教理の組織を目指したと言えるのである。

　このほか禅の系統からは、唐末宋初に『宗鏡録』の著者として知られる永明延寿（904〜975）が出る。彼は『万善同帰集』3巻を著して理事無礙を説き、禅と浄土の双修を勧めた。理・事は非一非異であって相即する。よって空見に堕することなく万行を修すべきであり、唯心浄土の説に固執することなく往生極楽を願うべきであると言うのである。これにより以後禅宗には極楽願生者が多数現れる。なかでも宗賾（1089頃）は江蘇省長蘆寺において蓮華勝会という法会を創設し、称名を中心とする念仏三昧の実践を指導したことが伝えられている。また、在家居士の王日休（〜1173）は、『龍舒浄土文』10巻（現行12巻本の後2巻は後人の追補）を著して浄土の要法を論述し、加えて古今往生人の行実を列記している。彼は、唯心の浄土を「理」とするも、凡夫には証しがたいので、仏は「跡」としての極楽世界の相を詳説したと述べ、その教説に順って持誦修行することを勧めている。ことに十念の行を重んじ、毎朝西に向かって合掌頂礼し十声の称名をせよ等と述べている。

5．新羅時代の浄土教

　朝鮮に浄土教教理研究の基礎を築いたのは新羅の慈蔵である。現存はしないが、『阿弥陀経』の註釈書を著している。これが朝鮮における最古の浄土教文献である。慈蔵は、唐太宗の貞観12年（638）長安に入り、法常・道宣等に師事して摂論・律・浄土の学を修め、新羅善徳女王12年（643）に帰国している。ちょうど長安で「弥陀極楽通報化説」が成立した頃に当たる。しかも慈蔵が師事した法常は、この問題に取り組んだ当事者の一人である。加えて、玄中寺流浄土教が、長安に伝えられようとしていた時期でもある。慈蔵の滞在中に長安まで伝わったかどうかは不明であるが、彼は五台山を経由して長安に入っており、帰国の際にも五台山に立ち寄った形跡がある。玄中寺を擁する太原は、その途中に位置するので、慈蔵が入唐または帰国の途中に太原に立ち寄ったことは十分に考えられる。当時は道綽も存命である。あるいは太原あたりで玄中寺流浄土教を学んだかもしれない。

　ただし新羅では玄中寺流の浄土教典籍はさほど広くは流布しなかったようで、曇鸞の『略論安楽浄土義』が元暁・法位等によって用いられ、また義寂『無量寿経述義記』の逸文中に善導の『往生礼讃』を引用する例が1箇所のみ確認されるほかは、『論註』『安楽集』や善導『観経疏』等の依用は見られない。これも唐代初期の浄土教の趨勢を受け継ぐものと考えてよかろう。

　7世紀半ば、新羅では半島統一の気運が高まり、文武王（661～681在位）の治下に統一新羅が成立する。以来8世紀末までが新羅仏教の最盛期である。新羅時代の浄土教典籍としては、次の4部が現存している。

①元暁『両巻無量寿経宗要』1巻(『大正蔵』37等)
②元暁『阿弥陀経疏』1巻(『大正蔵』37等)
③玄一『無量寿経記』2巻(巻上のみ現存、『続蔵』1-32-2)
④憬興『無量寿経連義述文賛』3巻(『大正蔵』37等)

加えて次の2部は、日本の平安・鎌倉期の著述中に多く引用され、恵谷隆戒氏が逸文集成を作成していて、おおよその内容を知ることができる(恵谷隆戒『浄土教の新研究』山喜房仏書林、1976年)。

⑤法位『無量寿経義疏』2巻
⑥義寂『無量寿経述義記』3巻

これらの著述は、7世紀末から8世紀初のごくわずかの間に次々に著されたものである。成立年代は不明であるが、元暁・法位の説が、玄一・憬興の著作中に引用されていることが確認できる。また新羅においては元暁の晩年、671年頃から使われはじめた『成唯識論』や法相宗典籍が、①②⑤には依用されず、③④⑥には用いられていることから、元暁・法位の著述が、義寂・玄一・憬興の著述に先行することが推察される。

このほか義寂・憬興に『観無量寿経』の註釈書が、義湘・円測・玄一・憬興・道倫に『阿弥陀経』の註釈書があり、8世紀半ばに活躍した太賢が『無量寿経』『観無量寿経』『阿弥陀経』の註釈書を著していたことがわかっているが、いずれも現存しない。

『無量寿経』の註釈書が多く伝わることは新羅浄土教の特徴であり、中国唐代に『観無量寿経』研究が盛んであったことと対照的である。

ここではまず元暁の浄土教思想を紹介し、次いで法位等の著述に触れたい。

(1) 元暁

元暁(617〜686)は新羅押梁郡の出身。29歳で出家し、真徳女王4年(650)義湘とともに入唐を試みたが失敗、その後再び挑み、義湘は入唐する

が、元暁は思うところあって途中で引き返したという。後に破戒して小姓居士と名乗り、薛聡という子をもうけた。民衆教化に努めるとともに、多くの著述をのこし、ことに『起信論疏』2巻は中国華厳宗の法蔵の教学に大きな影響を与えた。浄土教思想は『両巻無量寿経宗要』(以下『無量寿経宗要』と略す)に示されている。ほかに『阿弥陀経疏』があるが、これは『無量寿経宗要』以降のもので、教理の要点は『無量寿経宗要』の説を要約して示している。また『遊心安楽道』が元暁のものとして伝えられてきたが、これには元暁以降の何人かの手が加わっていることが明らかにされている。そこで以下、『無量寿経宗要』を手がかりとして、元暁の浄土教思想を概観してゆきたい。

　まず仏土論について、元暁は「因・果、一向・不一向、純・雑、正定・非正定」の四番の相対をもって浄土と穢土とを分別し、「①唯仏所居の果報土、②八地以上菩薩所居の一向出三界の土、③初地以上菩薩所居の純浄土、④地前菩薩所居の正定聚土」という四種の浄土を立てる。そして①を自受用土、②～④を他受用土とし、『無量寿経』所説の極楽は④の正定聚土であると言う。

　元暁は基本的には摂論宗の浄土観を継承している。摂論宗では本来、自性身は無相であるがゆえに、その所居としての法性土を立てない。また変化身としては、釈尊のような娑婆出現の仏を想定しており、変化土は穢土として示されている。よって浄土とは受用土を指すのであり、元暁の言う四種浄土が受用土に限られているのはそのためである。しかし唯識系諸学派の通説では、他受用土は地上聖者の所居であり、地前凡夫は変化土を感得するのみとされ、極楽を地前所居の他受用土とする元暁の説は極めて特異である。

　その見解の根拠は『起信論』に求められる。『起信論』には法・報・応の三身を説き、報身は初発意から菩薩究竟地までの所見とし、さらにこれを地上の所見と地前の所見とに分ける。地上菩薩は、無漏智に依って真如を見るが、地前三賢の菩薩は、信に基づき比観によって一分の真如を見る。また信心を成就した者は、信成就発心を発して、正定聚に入り、少分に法身を見ると言うが、この正定聚の位が初住であり、少分に見る法身というのが、初発意等の地前菩薩が比観によって見る報身なのである。元暁はこれを他受用身の中に摂め、その所依の土を他受用土とする。『無量寿経』所説の極楽は、地前菩薩にも往生可能であるが、あくまでも「浄土」であることを主張するのである。

次に元暁は、『無量寿経』巻下三輩往生段の記述を手がかりとして往生の修因を論ずる。三輩のすべてに共通して説かれているのは発菩提心であり、元暁はこれを往生の正因とする。さらに助業として念仏等の実践を挙げ、正因・助業を合わせた行に加えて、願生心を重視し、願と行とが和合して往生の因となると言う。「願行和合」という見解には、『無量寿経』三輩往生段に説く修因が『摂大乗論』に言うような別時の遠因ではないことを主張する意図がうかがわれる。

正因の発菩提心は「随事発心」と「順理発心」とに開かれる。随事発心は、「煩悩は無数なり、願はくは悉くこれを断ぜん。善法は無量なり、願はくは悉くこれを修せん。衆生は無辺なり、願はくは悉くこれを度せん」等という内容で、四弘誓願を想起させる。元暁はこれを下輩不定性人の所発とする。さらにこの断・修・度の三心が、空・無相・無願の三三昧に契っている状態を順理発心と呼び、菩薩性人の所発とする。元暁はこれらを『起信論』の三種発心に擬え、随事発心は信成就発心に、順理発心は解行発心・証発心に相当するものと考えていたようである。三輩往生人は凡夫・聖者の両方を含むと見ていたのである。

助因に多種ある中、元暁は特に下輩の十念について詳述する。『無量寿経』下輩段の、「乃至十念、無量寿仏を念じて、その国に生ぜんと願ず」という文を釈するにあたり、この十念を「隠密義十念」と「顕了義十念」とに開く。隠密義十念は、上掲の四種浄土の中、第三純浄土すなわち地上菩薩所居の浄土に望んで説くもので、『弥勒発問経』所説の慈等の十念がこれに当たる。『弥勒発問経』は、『弥勒菩薩発問経』『弥勒菩薩所問経』『弥勒所説経』あるいは略して『弥勒問経』とも呼ばれ、現存しないが、隋唐・新羅や日本の浄土教典籍には、次のような文がしばしば引用される。

> その時弥勒菩薩、仏に白して言はく、仏所説の阿弥陀仏の功徳利益のごとく、もしよく十念相続して、不断にかの仏を念ずる者は、すなはち往生を得。まさにいかんが念ずべし。仏言はく、凡夫の念にあらず、不善の念にあらず、結使を雑する念にあらず。かくのごとき念を具足せば、すなはち安養国土に往生することを得。おほよそ十念あり。なんらかを十となす。

一には、一切衆生において常に慈心を生じ、一切衆生においてその行を毀らず。もしその行を毀ればつひに往生せず。二には、一切衆生において深く悲心を起して残害の意を除く。三には、護法心を発して身命を惜しまず、一切の法において誹謗を生ぜず。四には、忍辱の中において決定心を生ず。五には、深心清浄にして利養に染せず。六には、一切種智心を発して日日に常に念じて、廃忘あることなし。七には、一切衆生において、尊重の心を起し、我慢の意を除き、謙下して言説す。八には、世の談話において味著心を生ぜず。九には、覚意に近づき、深く種々の善根の因縁を起し、憒閙・散乱の心を遠離す。十には、正念にして仏を観じて諸根 (根＝想・相イ) を除去す、と。 (『大正蔵』37, p.129a)

「凡夫の念にあらず」という文言によって、元暁はこの十念を初地以上の菩薩の所発と見ている。一方の顕了義十念は、第四の正定聚浄土に望んで説くもので、『観無量寿経』下品下生に、「至心に声をして絶えざらしめ十念を具足して南無仏と称せん」等と説かれる称名の念仏を指す。そして『無量寿経』に説く十念には、隠密・顕了の両義が備わると言い、この経が地前凡夫・地上聖者の両者を見据えていることを主張するのである。

以上のように元暁は、唐代初期の諸家が論じた浄土教教理上の諸問題を引き継いで検討している。大筋において「弥陀極楽通報化説」に随い、浄土教を凡夫と聖者の両方を対象とする宗教と見ていたことがわかるが、元暁教学の中枢をなす『起信論』の教説によって、幾分かの修正が加えられているようである。

摂論宗の仏土論を継承しつつ、『起信論』によって独特の見解を提示していることはすでに述べたとおりである。また正定聚に関する議論の中で、『無量寿経』の下輩人に含まれる不定性人は、この穢土において信心を成就し、菩提心を発して正定聚に定まった後に往生すると言うが、これは『起信論』の信成就発心の記述を踏まえたものと言える。

さらに元暁は、三輩人の外に仏智を疑惑する者の往生を認めている。『無量寿経』巻下胎化段に、疑惑仏智の者は極楽の辺地に留め置かれ、長く三宝に会うことができないと説かれるが、元暁はその辺地をも四種浄土の第四正定聚土に含め、疑惑衆生すなわち信心未成就の凡夫も、大乗心を発して極楽の辺地に

往生すれば、仏の外縁力によって信心不退の菩薩に育てられ、正定聚に入ることができると言う。この見解の根拠も『起信論』に求めることができる。『起信論』には、不定聚の衆生を正定聚に導くために、信心を完成させようとして、四信・五行を説く「修行信心分」という一章がある。その末尾に「不退方便」を説く一節が付け加えられ、この娑婆世界で信心を成就できない者には、如来が善巧方便を開設して衆生の信心を摂護すると説かれる。その方便とは、「専意念仏」ということである。経には、心を専らにして西方極楽世界の阿弥陀仏を念じ、それによって得られた功徳を回向して極楽に生まれたいと願えば、必ず往生を得ると説かれる。極楽では常に仏を見るので、信心を退することなく、必ず正定聚に至る。あるいはまた、より機根の優れた者は、仏の真如法身を見て、その真如を常に念ずるならば、極楽に往生することを得て正定聚に定まると言うのである。元暁は『起信論疏』巻下にこの部分を釈して、次のように述べている。

> 「もし法身を観ぜば畢竟じて生ずることを得」とは、十解以上の菩薩の、少分に真如法身を見ることを得るを明かさんと欲す。このゆゑによく畢竟じて往生を得。上の信成就発心の中に、少分に法身を見ることを得と言ふがごときのゆゑに。これ相似に約して見るなり。またまた初地已上の菩薩は、かの仏の真如法身を証見す。これをもってのゆゑに畢竟じて生ずることを得と言ふ。楞伽経に龍樹菩薩を歎じて、「歓喜地を証得して、安楽国に往生す」と云ふがごときのゆゑに。この中、論の意は、上輩人に約して畢竟じて生ずることを明かす。いまだ法身を見ざれば往生を得ずと謂ふにはあらざるなり。正定に住する者は、通論せば三あり。一には見道以上をはじめて正定と名づく。無漏道に約して正定となすがゆゑに。二には十解以上を名づけて正定となす。不退位に住するを正定となすがゆゑに。三には九品往生をみな正定と名づく。勝縁力によって不退を得るがゆゑに。中において委悉せば、無量寿料簡の中に説くがごとし。

(『大正蔵』44, p.225c)

真如法身を見て往生するのは、初住以上の信成就発心を発した菩薩、および

初地以上の上輩の菩薩である。ただし、法身を見なければ往生できないというわけではない。元暁は正定聚に三義を立てる。第一は地上の聖人、第二は解行位の菩薩で、この二者が見法身の者である。加えて第三に、仏の勝縁力によって正定聚に入らしめられる九品往生人を挙げ、その詳細は「無量寿料簡」すなわち『無量寿経宗要』を参照せよと述べているのである。第一・第二の菩薩は娑婆世界において正定聚に入ることができる。第三の九品往生人には、如来の方便力を必要とする信心いまだ成就せざる凡夫、すなわち疑惑仏智の衆生を含むのである。元暁は『起信論』修行信心分の末尾「不退方便」の項に見える浄土教に関する記述の根拠を求めて、『無量寿経』の註釈に取り組んだのであろう。『無量寿経』を「不退方便」を説く経と見たのである。

（2）法位・義寂・玄一・憬興

■法位

　法位は元暁と同時代の人である。伝は不詳であるが、著述『無量寿経義疏』の逸文が伝わるので、浄土教思想の一端をうかがうことができる。ことに四十八願の釈文はほぼ全文が復元されていて、四十八願の一々に願名を付していること、第18・19・20願の釈中に独自の見解を述べていること等が知られる。

　法位は、第18・19・20願をそれぞれ上品・中品・下品の往生を誓う願と捉える。したがって第18願の「乃至十念」は上品人の所発ということになる。法位はこれを『弥勒問経』の慈等の十念を指すものとし、称名の十念ではないと言う。三輩段の下輩の十念に対する見解は、失われていて見ることができないが、元暁が『無量寿経』下輩十念には隠密・顕了の二義があると言うのに対し、法位は、第18願の十念を地上聖者の所発すなわち元暁の言うところの隠密義の十念に当たるものとし、これを上品人の修因と見たと考えることができる。さらに法位は、曇鸞『略論安楽浄土義』の、「或は仏の名字を念じ、或は仏の相好を念じ、或は仏の光明を念じ、或は仏の功徳を念じ、或は仏の智慧を念じ、或は仏の本願を念ず」という記述によって、念には多種あると言い、『観無量寿経』下品下生に説く「具足十念」は、仏の相好・功徳等を念ずることのできない者に対して示された、仏の名字を念ずる十念であると述べている。

法位は「十念」に二義を見、『無量寿経』第18願の十念は『弥勒問経』に説かれるような聖者所発の十念であり、『観無量寿経』下品下生の十念は凡夫所発の称名中心の十念であるとするのである。十念を凡・聖に通ずる行と見る点は、元暁の見解と軌を一にするものと言える。

■義寂

　義寂の伝も不詳であるが、義湘（625～702）の十大弟子の一人と見られ、円測（613～696）の弟子道証の著述中に言及されていることから、元暁よりやや後輩であると考えられる。著述『無量寿経述義記』は逸文集成によって一部内容を知ることができる。

　まず十念論に関して、義寂は『無量寿経』第18願の十念を釈するにあたり、『観無量寿経』下品下生の文を引用した後、次のように述べている。

> 十念を経る頃、専ら仏名を称するを十念となすなり。ここに念と言ふは、謂はく南無阿弥陀仏と称する、この六字を経る頃を、一念と名づく。
>
> （恵谷隆戒『浄土教の新研究』附録 p.421）

　義寂は、『無量寿経』第18願の十念と『観無量寿経』下品下生の十念とを、ともに凡夫所発の称名の十念と見るのである。さらに『弥勒問経』の慈等の十念も凡夫の所発であり、専心称名すればその中に自然に備わるものであると言う。義寂は、元暁・法位とは立場を異にし、『無量寿経』の十念と『観無量寿経』の十念とに優劣を認めないのである。

　しかし仏土に関する見解を見ると、『無量寿経』と『観無量寿経』の所説の浄土に差別を見ていたことがうかがわれる。『無量寿経述義記』巻中に次のような記述がある。

> 問ふ。この四部経所説の浄土は、これ一の浄土となすや、これ差別ありとなすや。答ふ。論に准じて経を験するに、一種にあらざるなり。ゆゑはいかん。阿弥陀の浄土に多品あるがゆゑに、時に随ひて所説に差別あるなり。文を案じて観経および陀羅尼経所説の土の相を求むれば、これは化浄土な

り。九品人みな生ずることを得と説くがゆゑに。父母魔王等ありと説くがゆゑに。小阿弥陀所説の土の相は、これ受用説なり。彼にはただ阿毘跋致の諸菩薩あるがゆゑに。また多く補処の菩薩ありと説く。ゆゑに知んぬ、これ変化浄土にあらざることを。彼の声聞等は、これ化にして実人にあらず。今この所説の両巻経の中には、受用土を顕す。論はこの経の十七種荘厳に依るがゆゑに。ただこの経中にのみ十七等を具す、余経にはあらざるがゆゑに。しかるに兼ねてまた変化浄土を顕す。仏智等を疑ひて、彼に生まれて胎を受くと説くがゆゑに。また別本中に、羅漢の般涅槃するものありと説くがゆゑに。　　　　　（恵谷隆戒『浄土教の新研究』附録 p.436）

　『観無量寿経』『鼓音声王陀羅尼経』所説の浄土は変化土である。『阿弥陀経』には他受用土を説く。そして『無量寿経』には、他受用土と変化土の両方が説かれていると言う。義寂は、『無量寿経』巻上弥陀果徳の文に、『浄土論』の国土荘厳17種功徳を配当し、これを他受用土の相を説くものと捉え、巻下胎化段に説く疑惑仏智の者が往生する極楽の辺地を指して変化土とするのである。この点に関しては元暁・法位と同様、「弥陀極楽通報化説」を支持するように見受けられる。

　義寂は、『摂大乗論』の別時意説を会通して、『無量寿経』三輩段や『観無量寿経』三輩九品段に説かれる往生の修因は、願行相応の即生の因であることを主張する。しかし一方で、三輩九品人が往生する世界は変化土であると言う。それは三輩九品人のすべてを地前凡夫と判定するためである。

　義寂は、『無量寿経』三輩と『観無量寿経』三輩九品の相摂関係について、たんなる開合の異とする古来の通説を否定し、『無量寿経』の上輩は『観無量寿経』の上品上生・中生および上品下生の一分を摂し、中輩は上品下生の残る一分、下輩は下品三生に当たるという新説を唱える。『観無量寿経』の中品は小乗の果を証するのみであるから、すべてに発菩提心が説かれる『無量寿経』の三輩の中にはおさまらないと言うのである。

　三輩九品の行位に関しては、『無量寿経』の上輩は、位に約せば十住以上、行に約せば十信位、中輩は十信中信未成就の人、下輩は十信中の最初発心の人であると言い、『観経』の上品上生は十住中前六住、上品中生・下生は十信位

中の人であり、中品上生は小乗中の前三果人、中品中生は順決択分、中品下生は順解脱分、そして下品三生は信外の悪人であると言う。上品人の行位を低く判じたところに特徴がある。

義寂は、『無量寿経』所説の極楽に他受用土を含むことを認めながら、称名の十念をはじめとする三輩九品の修因によって往生する世界はあくまでも変化土であると考えた。摂論教学の範囲内で凡夫往生の教理を組織したものと言える。三輩九品の行位を地前凡夫位に限定することによって、浄土教の易行性を強調しつつ、『無量寿経』所説の極楽には地上聖者所生の他受用土を含むことを明かして、阿弥陀仏の法門には優れた証果も用意されていることを主張するものと考えられる。

■玄一

玄一(げんいち)の伝も不詳で、著述『無量寿経記』は巻上のみが現存している。浄影・元暁・法位の説を引用するところが多く、特に四十八願の釈はほぼ法位の説を依用している。第18・19・20願に対する釈も法位説を引用するのみで、私見は示していない。仏土論に関しては、義寂の説に従って『無量寿経』巻上弥陀果徳の文を『浄土論』の国土荘厳17種功徳に配当し、この経には他受用土と変化土の両方を説くと言う。

■憬興

憬興(きょうごう)は元暁よりやや後輩で、義寂・玄一等と同世代と見られる。法相学者で、『成唯識論貶量(へんりょう)』25巻(一説に30巻)という大部の著述のあったことが『東域伝燈目録(とういきでんとうもくろく)』等によって知られるが、今に伝わらない。『無量寿経連義述文賛(れんぎじゅつもんさん)』3巻は、浄影・元暁等諸先学の見解を参照しつつ独自の浄土教教理を組織した書である。この書に明かされた憬興の思想的特徴を、上来取り上げてきた十念論・仏土論を手がかりとして概観してゆきたい。

憬興の十念論は、第18願の釈中に見られる。憬興は第18・19・20願をそれぞれ摂上品・摂中品・摂下品の願とする。この見解は法位と同じであるが、法位が第18願の十念を聖者所発の慈等の十念と見る点を否定して、これを「十声の称名」と解し、『弥勒問経』の慈等の十念は凡夫の所発ではないので上品人と

いえども発することはできないと言う。憬興は上品三生を十信位と見ており、三輩九品人の行位を極めて低く判定しているのである。

仏上に関する見解を求めて弥陀果徳の釈文を見ると、義寂・玄一と同様、経文を『浄土論』の国土荘厳17種功徳に配当している。ただし憬興はこれを他受用土の相を説くものとは言わず、むしろ極楽を低く判定することに努めているようである。たとえば弥陀果徳の釈文中に、極楽は三界にあらずと説かれるが、人・天両趣が存在するから、完全に三界を離れたところとは言えないという記述が見える。

仏国寺

通度寺

極楽と三界諸天との大きな違いは、三界は輪廻の境界であるのに対して、極楽は不退転処であるという点であろう。そこで往生後の得益に関する憬興の見解を求めると、まず第11願の釈中に、「十信以去をみな正定聚と名づくるがゆゑに」という文言があり、往生の後に得る正定聚不退転の行位を十信位と見ていることがわかる。願成就文の釈には、三聚の区別などは穢土で言うことであって、浄土では凡夫も聖者も悟りに向かって退転しないと述べ、これを「正定聚」と定義している。

『無量寿経』巻上弥陀果徳の文には、往生人は音響忍・柔順忍・無生法忍の三忍を得ると説き、巻下には鈍根は二忍、利根は無生法忍を得る等と説かれる。これは、第34・48願の成就として示されたものである。この三忍の行位に

ついて、浄影は、音響忍を三地已還、柔順忍を四五六地、無生忍を七地已上と判じ、義寂はその説を踏襲している。これに対し憬興は、第48願の釈中に、三忍のすべてを地前三十心と判じている。

　以上のように憬興は、『無量寿経』の全体を凡夫位の教説と判定する。しかし往生人はやがては聖果を得て仏となる。よって極楽に地上の菩薩がいないというわけではないはずである。にもかかわらず『無量寿経連義述文賛』には、『無量寿経』所説の得益の位を地上と判ずるような見解を見出すことができない。その意図は、巻下流通分の釈中に見える、次のような記述に求めることができる。

　　大涅槃経は、広く仏性を顕す。聖教中の深なり。聖人を逐ふて先づ没す。
　　この経はただ浄土を開き、人をして生を求めしむ。凡を済ふ中の要なり。
　　ゆゑに独り留むること百歳ならん。　　　　　　（『大正蔵』37, p.170c）

　涅槃経は甚深の法であるがゆえに、その所被の機である聖人が没するとともに経も滅する。しかしこの『無量寿経』は、凡夫救済を目的とする経の中の要であるから、甚深の法が滅した後も、凡夫とともに法も留められると言うのである。憬興は『無量寿経』の所被の機が凡夫であるという点に大きな価値を認めていることがわかる。そのために、諸師が『無量寿経』には聖者のために示された優れた証果も説かれていると主張するのをことごとく否定して、「易行」の面のみを強調するのであろう。

　元暁・法位・義寂・玄一に共通する見解として、『無量寿経』と『観無量寿経』の説相に幾分かの差異を見ていることが挙げられる。彼らは、『観無量寿経』が凡夫のみを対象とするのに対し、『無量寿経』は凡夫と聖者の両方を見据えた経であると考える。これによって浄土教がたんなる「易行」に尽きるものではなく、勝れた果報も用意されていることを主張するのである。それに対し憬興は、『無量寿経』の所被の機を低く判ずることによって両経の説相に差異を認めない。三輩九品人の行位は最高でも十信、所生の土はあくまでも変化土、往生後の得益も『無量寿経』に示されるのは地前凡夫位に限られる。それは極楽に地上の聖者がいないからなのではなく、『無量寿経』の所被の機は凡

夫であるから、凡夫に理解できないような聖者の境界は説かないと見るからである。『無量寿経』に説く極楽は、凡夫を凡夫のままで往生させるところである。しかも極楽の凡夫は穢土の凡夫とは違い、凡夫でありながら正定聚不退転に定まっているのであるから、聖者に対して説かれた甚深の法が滅した後の悪世の凡夫でも、『無量寿経』の教えに従って極楽に往生すれば、いずれ必ず仏果を得ることができると言うのである。

6．奈良時代の阿弥陀仏信仰

　日本への阿弥陀仏信仰の伝来は、飛鳥時代のことと言われる。聖徳太子の没後、橘夫人が織らせたという天寿国繡帳には、太子が往生した浄土が描かれている。それが阿弥陀仏の極楽であるか否かはわからないが、推古朝に来日した高句麗僧等が、阿弥陀仏信仰を持ち込んだであろうことは十分に考えられる。

　『日本書紀』には、舒明天皇12年（640）、孝徳天皇の白雉3年（652）の条に、唐より帰国した恵隠による『無量寿経』講説の記事が見える。前者は庚子年、後者は壬子年と、干支の支が同じで記述が似ていることから、重複記事かとも思われるが、これが日本における浄土経経典講説の初見である。

　阿弥陀仏像が造られ始めるのもこの頃である。ただし釈迦や弥勒の像に比べると極めて少ない。7世紀には、阿弥陀仏信仰はいまだ盛んではなかったと言うべきである。

　奈良時代になると、『無量寿経』『阿弥陀経』『般舟三昧経』『観無量寿経』『浄土論』等の浄土教経論が書写されるようになる。阿弥陀仏像や浄土変相図の数も次第に増えてくる。

　8世紀半ば、いわゆる南都六宗が出そろい、日本仏教は独自の展開を始める。ちょうどその頃、先に伝来流布した浄土教の諸経論に加え、中国・朝鮮で著された浄土教典籍も将来される。正倉院の写経関係文書によると、経論の書写は8世紀前半に始まるが、8世紀の半ば以降には、道綽・善導・靖邁・懐感・元暁・法位・玄一・義寂等の著述が書写されるようになってくる。7～8世紀に活躍した唐・新羅の浄土教教理研究者の著述である。当時としては最新伝

来の典籍と言えよう。それらの経論章疏を用いて、日本でも浄土教の教理研究が開始されたのである。

奈良時代の学僧で、浄土教に関する著述があったのは、智憬・善珠・智光の3人である。いずれも現存しないが、智光の著述のみは後世の逸文によっておおよその内容を知ることができる。

（1）智憬と善珠

■智憬

智憬は生没年未詳、幼少のころから良弁（689〜773）に師事したという。良弁は、義淵のもとで学んだ法相学者であるが、『華厳経』の弘通に努めたことでも知られる。良弁は、聖武天皇の外護を受けて金鐘寺に住し、そこで我が国最初の『華厳経』講讃の法会を主宰する。天平12年（740）のことである。金鐘寺は、もともと聖武天皇の皇太子の冥福を祈るために建立された寺院で、皇室との深い結びつきを背景に、金光明寺へ、そして東大寺へと発展してゆく。大仏の建立は、聖武天皇の盧舎那仏への信仰に端を発すると言われるが、良弁が『華厳経』を重視し、その開講に尽力したのも、天皇の信仰と無関係ではなかろう。ただし良弁自身は華厳学に習熟しているわけではなかったので、この法会の講師を、大安寺の審詳（〜742）に依頼する。審詳は、新羅に留学して華厳学を学び、新羅の元暁や唐の法蔵の著述を大量に持ち帰っている。彼の講義は、法蔵・元暁の教説に基づいて行われた。以後日本の華厳学は、法蔵と元暁の教学を柱とするが、その伝統は審詳に由来すると言われている。智憬は、その審詳の学恩にも浴している。審詳は、自分の蔵書をしばしば智憬に貸与していたようで、智憬にとって華厳学の師は審詳であった。良弁門下で、華厳の講師をつとめたのは智憬だけである。智憬は、初期の東大寺を代表する華厳学者だったのである。

永超（1014〜1095）の『東域伝燈目録』は、智憬の著述として、「無量寿経宗要指事一巻、無量寿経指事私記一巻」の2部を挙げていて、智憬には浄土教の分野でも業績のあったことがわかる。ただしいずれも古逸書である。源信の『往生要集』に3箇所ばかり、智憬の教説への言及が見られ、智憬が迦才の

法隆寺金堂旧壁画 阿弥陀浄土図

『浄土論』や懐感の『群疑論』を見ていたことが推察できるが、逸文と言えるほどの分量もなく、くわしい内容を知ることはできない。ただ、「宗要指事」という書名からして、そしてまた、『東域伝燈目録』が、元暁の『両巻無量寿経宗要』に続いて智憬の著述を掲載していることから考えて、智憬の書は、元暁の『両巻無量寿経宗要』に対する註釈書であると考えられている。

智憬が借り受けた審詳の蔵書の中に、元暁の『両巻無量寿経宗要』が含まれていたことがわかっているし、智憬は審詳から元暁教学の手ほどきを受けたことであろうから、彼が元暁の著述を手がかりとして浄土教研究に取り組んだと考えるのは妥当である。しかも元暁の『両巻無量寿経宗要』は、法蔵の仏土思想に少なからず影響を与えている。『両巻無量寿経宗要』全体の3割以上を費やして論ぜられる元暁の仏土説は、唐代の地論教学や摂論教学を基礎としつつも、元暁独自の見解を多分に含むものである。その教説が、法蔵の『華厳経探玄記』巻3盧舎那仏品の釈中に依用されていることが判明している。智憬が元暁の『両巻無量寿経宗要』に注目したのは、華厳学の上でも意義深いことだったのである。

■善珠

善珠（723～797）は、玄昉（～746）の弟子で、興福寺法相宗を代表する学者の一人である。秋篠寺の開基としても有名である。多くの著述が伝わり、『成唯識論述記序釈』1巻、『唯識義燈増明記』4巻、『因明論疏明燈抄』12巻、『法苑義鏡』6巻、『唯識分量決』1巻などが現存する。基や慧沼の著述

に対する註釈書が多い。

　善珠の師玄昉は、法相宗の第四伝とされ、養老元年（717）に入唐して智周に学び、天平7年（735）に帰国、興福寺に住した。玄昉は、基・慧沼・智周と次第する法相宗の正系を伝えたとされる。ところが善珠の著述を見ると、基・慧沼・智周の説のほかに、円測・道証・太賢等の説をも引用していることがわかる。円測以下は、慧沼や智周から異端視された傍系に属する学者である。円測（613〜696）は新羅の出身で、入唐して長安の西明寺に住し、地論・摂論学で名を馳せるが、玄奘が長安に帰って以降は、玄奘について法相学を学ぶ。道証は円測の弟子、太賢は道証の弟子と言われ、ともに新羅僧である。善珠は、新羅系の法相学にも通じていたのである。

　『東域伝燈目録』は、善珠の著述として、「無量寿経賛鈔一巻」を挙げている。現存しないが、憬興『無量寿経連義述文賛』の註釈書であると言われている。前章に触れたように憬興は新羅の法相学者で、『成唯識論貶量』25巻（一説に30巻）の著者である。善珠は、新羅法相学の研究のために憬興の著述を収集していたようで、『成唯識論貶量』を所持していたことが判明しており、その蔵書中に『無量寿経連義述文賛』が含まれていたことが推察される。『無量寿経連義述文賛』は、当時流布していた『無量寿経』の註釈書としては最も大部の書である。そこには、浄影寺慧遠の教説をはじめ、隋唐・新羅の諸家の解釈が列挙され、それに対する憬興自身の見解が示されている。善珠にとっては、『無量寿経』研究の手引きとして最適の書だったと言えよう。

（2）智光

■智光伝

　智光（709〜780頃）は河内国の出身で、奈良時代を代表する三論学者である。
　三論宗は、南都六宗の中では最も早く日本に伝わった学派である。聖徳太子の師となった高句麗の慧慈や、百済の慧聡、天文・暦本を伝えたことで有名な百済の観勒らも三論学者であったらしい。ただし三論宗としては、高句麗の慧灌が入唐して吉蔵に三論を学び、推古33年（625）に来日したことをもって初伝とする。慧灌は飛鳥の法興寺を拠点として活躍する。慧灌の弟子に福亮が

智光曼荼羅図（厨子入）（元興寺蔵）
写真提供：㈶元興寺文化財研究所

いる。福亮は呉からの帰化人で、慧灌に学んだ後、入唐してさらに研鑽を積んだという。慧灌・福亮の住した法興寺は、飛鳥寺とも呼ばれ、遷都とともに奈良に移って元興寺と改称する。彼らは、元興寺三論の祖となるのである。福亮の弟子智蔵は、入唐して三論を学び、帰国後は法隆寺に住した。これが第二伝で、法隆寺三論は智蔵を祖とする。智蔵の弟子に道慈（〜744）があり、後に入唐して三論のほか法相・華厳・律・密教などを学び、帰国後は大安寺に住した。これが第三伝、大安寺三論の系統である。

　智光は智蔵の弟子と伝えられるが、年代的に無理があって疑わしい。ただし元興寺三論宗に属していたことは認められている。多くの著述があり、『浄名玄論略述』5巻（巻4、巻5末は缺）、『般若心経述義』1巻は現存する。そのほか目録類の記録によって『法華玄論略述』『中論疏述義』『大般若経疏』『無量寿経論釈』等の著作があったことが知られる。

　智光の伝を知る古い資料は乏しい。自著『般若心経述義』や『浄名玄論略述』の記述によって生年や出家の歳がわかる程度である。凝然（1240〜1321）の『三国仏法伝通縁起』には、まとまった形で智光の伝記が示されているが、それ以前には見出せない。そこで、『日本霊異記』や『日本往生極楽記』等、平安時代の説話集にみえる智光関係の記述も重要な資料となってくる。

　『日本霊異記』巻中には、行基が大僧正に任ぜられた時、智光は嫉妬の心を起こし鋤田寺に隠棲したが、その途端、行基誹謗の罪によって地獄に堕ち、後に蘇生して前非を悔い、行基に帰順したという話が収載されている。同様の説話が、『日本往生極楽記』の行基伝や、『三宝絵詞』巻中、『今昔物語集』巻11

等にも見られる。『日本霊異記』は、日本最古の仏教説話集で、9世紀初頭には完成していたとされる。著者は薬師寺の僧景戒である。『日本霊異記』には、行基礼讃の意図が濃厚であり、その超人的指導者像を喧伝するために、当代の碩学智慧第一の智光が利用されたと考えるべきであろう。しかも景戒の住した薬師寺は、法相宗の拠点の一つである。この説話は、三論宗と法相宗との対立を反映したものと思われる。ただし、智光が僧綱に任ぜられなかったことは事実であり、また自著『般若心経述義』の、「専ら松林に憩ひ、練身研神す」や、『浄名玄論略述』の、「松林に独歩し」等の記述から推測して、彼がある時期隠遁生活をしていたことは認めてよかろう。

『日本往生極楽記』には、智光・頼光の往生譚が収録されている。智光・頼光は同門の学僧であった。頼光は晩年何も語らずに亡くなった。智光は頼光のことを思い、夢の中で頼光の生まれたところをたずねた。極楽浄土であった。頼光は智光を阿弥陀仏の前に導いた。智光は仏に往生極楽の方法を問うた。仏は、この極楽の相を一生涯念ずれば、ここに往生することができると教え、掌に浄土の相を示現した。夢さめた後、仏の示した浄土の様相を絵師に描かせ、極楽を念じ続けた智光は、やがて極楽に往生することができた。この説話は、永観の『往生拾因』や『今昔物語集』巻15、『十訓抄』巻5等に踏襲されている。元興寺に伝わる浄土変相図、いわゆる智光曼荼羅の縁起として伝えられたものである。智光曼荼羅の原本は、宝徳3年（1451）に焼失したとされるが、平安末の成立と見られる板絵本が現存し、また、鎌倉初に著された『覚禅抄』阿弥陀の巻には、元興寺極楽坊正本からの素描と称する図が載せられている。ほかにも多数の流布本があって、さまざまな講会で用いられていたことが知られる。

■『無量寿経論釈』の特徴

智光の著『無量寿経論釈』5巻は現存しないが、平安・鎌倉期の文献中に多くの引用があり、諸先学が逸文集成を作製していて、内容の概略を把握することができる。それによるとこの書は、世親『浄土論』の註釈書で、曇鸞『論註』のほぼ全文を踏襲した上に、それを補う形で註釈を加えるという形式をとる文献であることがわかる。語句の註釈をする所では、吉蔵の『無量寿経義

疏』『観経義疏』『法華義疏』等の説を用いることが多い。ほかに浄影の『観経義疏』や『大乗義章』を多用している。隋唐時代の文献ではこのほか迦才の『浄土論』や懐感の『群疑論』の依用が見られる。十二光仏の釈には、曇鸞『讃阿弥陀仏偈』を用いている。奈良時代の教理研究の水準としては、中国や朝鮮における研究成果に導かれつつ経論を解読してゆくのが通例だったと考えてよかろう。中国や朝鮮の先達の見解を参照し、諸説の中から自身の立場に合致するものを選びつつ、教理を組織していったのであろう。しかしたんなる祖述にとどまったのではなく、独自の教理を構築しようと努力したであろうことは推察に難くない。少なくとも智光の『無量寿経論釈』にはその意図をうかがうことができる。

　智光の浄土教思想の特徴は、仏土論の中に見出される。智光は、吉蔵の仏土論を継承しながらも、やや修正を加えて、極楽を「変易土(へんにゃくど)」と判じている。ただし智光の言う「変易土」は、三界分段(ぶんだん)生死の世界を完全に脱した、地上聖人所居の報土のみを指すのではない。極楽は、まもなく初地に達する菩薩から、五逆十悪の罪人に至るまで、極めて幅広い機根の衆生をおさめとる世界であると言う。その根拠として、下根人の臨終十念の称名念仏が往生の因となることを主張する。ただし往生人の機根や所修の行の優劣に応じて、極楽の果報には優劣麁(そ)妙(みょう)の差別が生ずる。経には、往生すれば正定聚(しょうじょうじゅ)不退転に住すると説かれるが、その不退転も、処不退(しょふたい)を含めてさまざまである。往生の後、即座に初地不退転を得る者もあり、何阿僧祇劫(あそうぎこう)もの時間を経てようやく真実の教えを聞き、菩提心を発すことができる者もある。しかし、いかなる機根の者もやがて必ず初地に至り、仏果へと導かれてゆく。往生人には二度と悪道に堕する危険はない。極楽は、実の三界に流転し生死を繰り返す苦しみからは解放されたところだからである。その状態を指して正定聚不退転と言い、それゆえ極楽を「変易土」と呼んだのである。

　また上に触れたように、称名念仏を往生の因と認めた見解も注目に値する。智光は「念仏」という言葉を釈するにあたり、迦才『浄土論』の説によって、「心念・口念」の念仏を挙げ、口念は心念の能力に欠ける者が補助的に用いる手段であると言い、心念成就のための方便としての称名念仏の意義を明かす。さらに『観無量寿経』下品下生人について、その発菩提心の有無を議論する問

答を設け、これは宿世に菩提心を発しながら、悪縁によって悪趣に堕した者について言うのであって、もともと仏の種子を持っているから、十念の称名のみで往生できるのであるという説を挙げ、続いて次のような見解を示している。

> 実義(じつぎ)のごとくんば、もろもろの具縛人、いまだ菩提の種子を殖ゑざれば、決心に悪を造り、および逆罪を作すこと、決定(けつじょう)と不決定(ふけつじょう)とを問はず、かくのごとき等の人、命終の時に臨んで、善知識(ぜんぢしき)に遇ひ、法を聞き信受して、十念を具足(ぐそく)すれば、すなはち安楽浄土に往生することを得。
> （服部純雄「智光撰『無量寿経論釈』稿<復元資料>」『浄土宗学研究』15/16, p.232）

　智光は「実義のごとくんば」と言って独自の見解を述べることが多い。発心の後に退堕(たいだ)して云々というのは、浄影寺慧遠『観経義疏』等に見える説であるが、智光はそれを否定し、宿世の発心の有無にかかわらず、経説のままに、下下品人が十念念仏によって往生することを主張するのである。

　ところで、智光の浄土教教理研究は学問的興味によってなされたもので、その教学は当時の社会一般の信仰とはなんら結びつかなかったという見方が、諸先学の間では一般的である。しかし時代の空気とも言うべき思潮から、完全に隔絶された著述などあり得ない。智憬・善珠・智光という、諸学派を代表する学僧が、8世紀半ばという時期に、ほぼ同時に浄土教の教理研究に取り組み始めたのは、たんなる偶然ではなかろう。彼らを、浄土教研究に向かわせる社会的な要請があったと考えるべきである。阿弥陀仏像や浄土変相図の伝来流布に伴い、浄土教の経典や論書、あるいはそれに対する中国・朝鮮の註釈書が続々と伝えられるに及び、南都の諸学派には、それらの成果を咀嚼・吸収して、はやく中国・朝鮮の研究水準に追いつかなければならないという使命感があったことは確かである。また、8世紀半ば以降に書写された経論の奥書には、わずかながら自身の往生極楽を願うような文言も見えることが指摘されている。僧侶の中には極楽への往生を願う者も少なからずいたであろう。彼らのためにも教理や実践の整備は必要だったと思われる。それは研究者・修行者の集団としての南都僧団からの要請である。

しかしそればかりではなかろう。一般社会にも、浄土教の教理研究を要請する気運が生じていたと考えるべきである。井上光貞氏は、飛鳥時代以来日本で製作された仏像、あるいは文献中に見える造像の記事を調査し、大化以前には釈迦・弥勒が中心で阿弥陀の造像はないこと、白鳳期になってようやく阿弥陀仏像が見え始め、8世紀半ば以降は他の諸仏・菩薩に比べて阿弥陀の造像が圧倒的に多くなることを指摘している（井上光貞『新訂日本浄土教成立史の研究』第1章「律令時代における浄土教」山川出版社, 1975年, 初版は1956年）。8世紀中期は、阿弥陀仏信仰が一般社会に流布し始めた時期にあたり、智光等の研究はそのような社会的気運に支えられていたと考えられるのである。その信仰の具体的特徴は、死者の追善を目的とするところにあると井上氏は言う。故人の往生を願うのみで、自分自身の往生は願われていないと言うのである。しかし追善儀礼は、阿弥陀仏を本尊とすると決まったものではないし、奈良時代に限定されるものでもない。奈良時代の阿弥陀仏信仰に追善思想が濃厚であることは確かであるが、それだけでは当時の阿弥陀仏信仰の特徴を捉えたことにはならない。井上説の修正を目指して多くの学者が再検討を試み、8世紀の貴族社会に自身の往生を願う信仰の存在することが指摘されたが、それはごくわずかであり、依然井上説は大筋において現在も支持されている。

そこで一般社会に流布した阿弥陀仏信仰における、追善以外の思想的特徴を求めて、9世紀初頭までに完成していたと目される『日本霊異記』の記述を検討してみたところ、阿弥陀仏信仰への言及が数箇所に見えた。その中、巻下序文の、「庶はくは地を掃ひて共に西方極楽に生まれん」や、結文の、「願はくはこの福をもって群迷に施し、共に西方安楽国に生まれん」は、著者景戒自身が往生極楽を願う信仰を持っていたことを示す記述として注目に値する。巻中第2話には、行基の弟子信厳が師に対し、「大徳と倶に死なば、必ずまさに同じく西方に往生せん」と告げたという話を伝えていて、ここにも願生信仰の存在が確認できる。また巻上第22話では、道照法師の臨終に光明の奇瑞があったことを紹介し、それに対して、「定めて知んぬ、必ず極楽浄土に生まれしことを」と評しているが、これは後世の往生伝との関連をうかがわせる話である。ただしこれらはいずれも僧あるいは沙弥の信仰を伝える記事である。

俗人の登場する話の中には2箇所に、往生極楽のための業因に触れた記述が

ある。巻上第23話の、「ゆゑに経に云ふ、不孝の衆生は、必ず地獄に堕せん。父母に孝養すれば、浄土に往生せん」と、巻上第30話の、「仏菩薩を造る者は、西方無量寿浄土に生まれん」とである。前者は、瞻保（みやす）という親不孝な男の非道を諫（いさ）める言説の中に見え、後者は、地獄から蘇生した膳臣広国（かしわでのおみひろくに）の回想談の中に出る。孝養や造像というような通俗的な行業では、浄土教の独自性が発揮されたとは言い難いが、いずれも僧侶ではなく、俗人に対して語られた言葉として示されている点は評価すべきであろう。孝養は『観無量寿経』の中品下生段、造像は『無量寿経』の中輩段に示された、在家信者の修因に関する教説を踏まえたものと思われる。智光の『無量寿経論釈』には、「念仏」を中心に往生の修因を論じた箇所があり、下品下生人の臨終十念にまで議論が及んでいた。その緻密さとは比較にならないが、少なくとも『日本霊異記』に、在家信者のための往生行を提示するという意図があったことは認めてよかろう。8世紀には、一般社会において、自身の往生のためには何をすべきかという問題意識が生じ始めていたことがうかがわれるのである。

　8世紀半ば、日本の阿弥陀仏信仰は一つの画期を迎えていたと言える。一般社会では自身の往生を目指す者は少なかったとしても、「追善」という通仏教的な信仰の上に、「往生極楽」という阿弥陀仏信仰独特の観念が付加されつつあったことは確かである。智光が浄土教教理の研究に取り組んだのは、社会にようやく認知され始めた往生極楽の信仰に対して、教理的な情報を与えるためであったと言えよう。

7．平安初・中期の阿弥陀仏信仰

　平安時代の阿弥陀仏信仰を考える上で、参照すべき先学の論考は枚挙にいとまがないが、少なくとも井上光貞氏・黒田俊雄氏の説を踏まえておくことは不可欠であろう。
　井上光貞氏は、10世紀以降、貴族社会に浄土教が浸透した理由を、古代的支配体制の動揺を媒介として自覚された不安感に求め、それを最も敏感に感じとったのは中・下層貴族であったと言う。それは浄土教を、現世否定の契機なくしては成立しえない宗教と捉えたためで、文人たちが表明した時代や社会に対する鋭い批判精神を浄土教発達の思想基盤と見る。したがって現世祈禱にかかわる呪術宗教や密教は、浄土教の対極に置かれる。9世紀、諸宗が密教化するのは、貴族が現世を謳歌し、その繁栄を祈ったためであり、そのような社会が動揺を始める10世紀に、浄土教発達の道がひらかれた。この時代の浄土教教理の担い手は天台宗の学僧である。院政期になると、古代社会の崩壊、末法思想の浸透によって、絶望感は社会の隅々にまでゆきわたり、浄土教は貴族社会の全体に、さらには民間にも広く流布してゆく。そして天台宗のみならず、南都・真言の学僧たちも浄土教の教理研究に取り組むようになる。貴族の間に行われた浄土教は、頽廃的な享楽主義に陥ってゆく。既成教団は俗化し、学問が衰退してゆく一方、教団を離れて自由な活動を始めた聖たちによって民衆教化が推し進められてゆく。その中に、罪業の自覚と仏の慈悲とによる衆生の救済を説いて民衆の帰依を得る者が出現し、彼らのもとに講などの組織が形成される。そのような聖（上人）の宗教の延長線上に、法然をはじめとする鎌倉仏教の宗祖たちが出現すると言うのである（井上光貞『新訂日本浄土教成立史の研究』

第二章「摂関政治の成熟と天台浄土教の興起」、第三章「天台教団の変質と法然の宗教の成立」山川出版社, 1975年, 初版は1956年, 『日本古代の国家と仏教』中篇「王朝国家と仏教」岩波書店, 1971年)。

　黒田俊雄氏は、日本中世の宗教の特徴を、いわゆる旧仏教教団の体質の中に捉える。中世においては、八宗がある共通の基盤の上にゆるい競合的な秩序を形成していた。共通の基盤とは、鎮魂呪術的信仰であり、仏教教理上は密教である。それは、9世紀の諸宗の密教化、10世紀の天台浄土教の発達によって次第に形成され、11世紀に至って、顕密の一致・円融あるいは相互依存的な併存を最も妥当とみなす体制が確認される。そのような顕密の併存を認めるイデオロギー的秩序を「顕密体制」と呼ぶ。院政期は顕密体制の完成期に当たる。天台本覚思想・神仏習合・浄土教の発展は、顕密仏教の特徴である。聖の活動をも顕密体制の内側に見る。顕密諸宗は、末法の到来という危機感を利用し、王法・仏法相依の思想を収奪の論理の中枢に据えて経済基盤を固めてゆく。その結果、有力寺社の荘園領主化が進み、ここに中世的な権門寺社が成立する。黒田氏は、中世を、公家・武家それに大寺社等の権門勢家が対抗しながら併立して一つの支配秩序を形づくっていた時代と見る。中世を通じて顕密仏教は、国家権力と結合して正統的宗教の地位を保持していたと言うのである。そして法然らによってくりひろげられた革新運動は、顕密体制を批判して国家の弾圧を受けたという意味で、異端の宗教と位置づけられている（黒田俊雄『日本中世の国家と宗教』第三部「中世における顕密体制の展開」岩波書店, 1975年, 『王法と仏法 中世史の構図』II「院政期の表象」法藏館, 1983年）。

　井上説の特徴は、浄土教の本流を現世否定の宗教と捉えたところにある。一方の黒田説は、浄土教を顕密体制の中に置いて、密教や本覚思想とも共存する宗教と見るところに特徴がある。ただし、法然の浄土教は顕密体制の外に置かれる。

　井上説と黒田説とは対極をなすが、一致点が全くないかと言うと、そうでもない。10世紀以降貴族社会に阿弥陀仏信仰が浸透し、天台浄土教が発展したということ、そして院政期には阿弥陀仏信仰がますます隆盛となったという見解は、両者に共通である。また、古代仏教の体制外にいる聖（上人）を法然の源流とする井上説と、法然を顕密体制の外に位置づける黒田説との間には、微妙

な重なりがある。さらに、井上氏が浄土教を現世否定の宗教と言うのは、浄土教の一面に対する評価にすぎない。井上氏は一方で、院政期の貴族社会に浸透した浄土教を享楽的と評し、法然の思想の母胎をここに求めるのではけっしてないのである。この重層的な浄土教観に対する批判もあるが、浄土教が密教や天台本覚思想と共存する宗教であることは、紛れもない事実である。「現世否定」という概念は、『往生要集』に述べられた「厭離穢土」の思想から導き出されたものと言えようが、その立場は『往生要集』の特徴であって、浄土教思想史の全体を貫くものとは言い難い。

信仰などという漠然とした心の情景を捉えて社会の動向を論ずるのは極めて困難なことであろう。また、学僧たちの組織した教理と、社会一般の信仰との間には大きな隔たりがあるという見方もある。しかしながら、10世紀の貴族社会に阿弥陀仏信仰が広がりつつあったことは誰もが認めるところであり、それに応ずるように天台宗において浄土教の教理研究が隆盛となったことも事実である。浄土教の教理は、時代の思潮に支えられ、社会の要請に応じて構築されていったと考えるべきであろう。

そこで本章ではまず、10世紀の貴族社会に浸透した阿弥陀仏信仰の具体相を求め、次章ではその信仰に対する学僧たちの見解をうかがって、浄土教教理の形成に関する一視点を提示したい。

（１）貴族社会における阿弥陀仏信仰の萌芽

井上光貞氏は、願生極楽信仰の先駆者は10世紀の中・下層貴族であると言う。その説を批判して平雅行氏は、右大臣藤原良相（867年没）、人康親王（872年没）、清和天皇（880年没）らの願生信仰を伝える記述を列挙し、9世紀の後半には、自身の往生を願う信仰が天皇や上流貴族を中心にかなりの広がりを見せていると言う（平雅行『日本中世の社会と仏教』序Ⅱ「浄土教研究の課題」塙書房，1992年）。これら先駆者の信仰を承けて、島田忠臣（892年没）や三善清行（918年没）ら、井上氏が指摘した文人貴族たちが登場したということになろう。しかしながら、それら初期の記述からうかがわれるのは、漠然とした願生極楽の信仰であり、奈良時代にわずかに見られた願生信仰と大差ない。信仰の具体

7．平安初・中期の阿弥陀仏信仰

内容を知ることのできる記述が現れるのは10世紀の半ばごろで、藤原忠平あたりが最も早い例であろう。

藤原忠平（880〜949）は、基経の四男で、兄時平の死後に氏長者となり、延長8年（930）に朱雀天皇の摂政、天慶4年（941）には関白の位に就いた人物である。忠平の日記『貞信公記』天慶8年（945）7月18日条に、「山階寺の九品往生図、善蔵の許より送るを請ふ」という記載があり、同年9月22日条には、「西方浄土図し始む。仏師定豊なり」とある。忠平は、興福寺から「九品往生図」を借り出して模写させているのである。亡くなる4年前のことである。彼はこの前年あたりから病気がちで、翌天慶9年には6月と9月の2度にわたり関白の辞表を提出している。もちろん許されなかったのだが、この頃から後世のことを考え始めたのであろう。興福寺から入手した「九品往生図」とは、おそらく『観無量寿経』九品往生段を題材としたもので、当麻曼荼羅の縁に描かれているような九品来迎の図であったと思われる。忠平が、臨終来迎を願う信仰を持っていたことが推察されるのである。『貞信公記』によると、忠平には、増命・相応・延昌らとの親交があったことが知られる。いずれも比叡山天台宗の学僧で、不断念仏の実践者として名の知れた人びとである。忠平の信仰は、比叡山における不断念仏の流伝と関係があるように思われる。

天台『摩訶止観』には、常坐三昧・常行三昧・半行半坐三昧・非行非坐三昧の四種三昧の法が説かれている。その中、常行三昧は、阿弥陀仏を本尊として、90日間、口に弥陀仏名を唱え、心に弥陀仏を念じて、仏辺を行道する、般舟三昧の行法である。天台宗の実践には、弥陀念仏の法が備わっていたのである。ただし般舟三昧は、現身見仏を目指す修行で、往生極楽を究極の目的とするのではない。また最澄（767?〜822）の伝記や著作の中には、彼が極楽への往生を願う信仰を持っていたことを積極的に立証できる資料は見出せない。

比叡山に弥陀念仏の実践を定着させたのは円仁（794〜864）である。10世紀初めに著された『慈覚大師伝』には、承和14年（847）に唐より帰国した円仁が、仁寿元年（851）に五台山念仏三昧の法を移して初めて常行三昧を修したとあり、さらに円仁の没した翌年、貞観7年（865）には、遺言によって不断念仏の法会が始められたと記されている。源為憲の『三宝絵詞』巻下「比叡不断念仏」の項には、その法会の模様を次のように伝えている。

念仏は慈覚大師のもろこしより伝て、貞観七年より始行へるなり。四種三昧の中には、常行三昧となづく。仲秋の風すゝしき時中旬の月明なるほど、十一日の暁より十七日の夜にいたるまで、不断に行ぜしむるなり。……身は常に仏を回る。身の罪ことことくうせぬらむ。口には常に経を唱ふ。口のとが皆きえぬらむ。心には常に仏を念ず。心のあやまちすべてつきぬらむ。 (『仏全』111, p.467a)

『三宝絵詞』の成立は永観2年(984)で、やや時代が下るが、円仁所伝の念仏法会の一端を知る記述と見られている。これによって、円仁は『摩訶止観』に説かれた常行三昧そのものではなく、在唐中に五台山で習得した五会念仏を取り入れて念仏の法式を定め、それが円仁の没後「不断念仏」という名で年中行事となったと言われる。円仁は、法照の著『浄土五会念仏略法事儀讃』を持ち帰っているのである。

円仁の後、不断念仏は遍照・相応・増命・延昌らによって伝承されてゆく。

遍照(816?～890)は、三十六歌仙の一人として有名である。円仁の弟子で、台密の伝承者である。東山花山元慶寺の草創にあたって初代座主となり、ここに3人の年分度者を賜った。没後の寛平4年(892)に発布された太政官符によると、遍照は仁和2年(886)以来、元慶寺において法華・阿弥陀の三昧を併修させていたことがわかる。この阿弥陀三昧というのは、円仁所伝の念仏である可能性が高い。

相応(831～918)も円仁の弟子で、回峯行の創始者、無動寺の開基として知られる。『天台南山無動寺建立和尚伝』には、元慶7年(883)、円仁の遺命にしたがい、東塔虚空蔵尾にあった常行三昧堂を大講堂の裏手に移築したことが記されている。また延喜3年(903)に、相応が無動寺で不断念仏を修したことを伝えている。

増命(843～927)は、円珍の弟子で、西塔の造営に大きな功績をあげた人物である。寛平5年(893)、西塔に常行堂を建立し、翌6年(一説に7年)の8月、ここで初めての不断念仏会が修される。延長5年(927)、亡くなる年の2月には、その常行堂の四面の壁に、極楽浄土の絵を描かせている。出典は『叡岳要記』『山門堂舎記』である。ともに成立年代が明らかではないが、比叡

山の堂塔の由来をうかがう資料としてよく用いられている。

　延昌（880～964）は、第15代天台座主で、空也に大乗戒を授けたことで有名である。慶滋保胤の『日本往生極楽記』によると、彼は自身の死期を察知し、弟子を集めて不断念仏を修し始め、阿弥陀・尊勝の像を安置して、その手から垂らした糸を握りつつ、ちょうど三七日目に息絶えたという。同時代の記述なので信憑性は高い。糸引きによる臨終行儀を修していることから、延昌には臨終来迎を願う信仰のあったことがうかがわれる。臨終行儀の作法は、後に源信の『往生要集』に詳述されるが、それ以前の記録としては唯一であり、日本における初例と言える。

　また、延昌は毎月15日、諸僧を招いて弥陀の讃を唱え、兼ねて浄土の因縁、法華の奥義を対論するという法会を主催している。15日を阿弥陀仏の縁日とする考えは、中国に起源を持つ。『三宝絵詞』によると不断念仏会は8月15日の仲秋の名月を挟む7日間に修されていたということであり、保胤によって始められた勧学会は毎年3月と9月の15日に催されている。横川の二十五三昧会も毎月15日である。勧学会も二十五三昧会も、延昌の催した法会と同様、弥陀念仏と法華論義とが中心で、これは叡山浄土教の特徴と言える。しかも勧学会の初修は応和4年（964）3月、延昌の没後2箇月目に当たるわけで、あたかも延昌の法会を受け継ぐかのようである。延昌は、比叡山における念仏法会の一形式を定めた人物と言えよう。

　すでに述べたように、忠平には増命・相応・延昌らとの親交があったことがわかっている。忠平が描かせたという九品往生図は、増命が西塔常行堂の壁に描かせた極楽浄土図と無関係ではあるまい。また臨終行儀として不断念仏を修した延昌は、忠平の「家法阿闍梨」だったという。忠平の信仰は、彼ら不断念仏の実践者たちから承け継いだものだったと考えてよかろう。それが摂関家に代々伝わり、やがて貴族社会の全体に流布してゆくことになるのである。

（2）臨終来迎信仰の形成

　比叡山の不断念仏は、10世紀半ばには各地に伝播し、叡山横川をはじめ大和多武峯や京都法住寺等にも常行堂が建立される。いずれの造営にも藤原摂関

家が関与している。この頃には、摂関家を頂点とする貴族社会に阿弥陀仏信仰が定着してきたことがうかがわれよう。10世紀半ば以降、天台宗において推進される浄土教の教理研究は、貴族社会への阿弥陀仏信仰の浸透と連動するものと言える。その最初期に位置する業績は良源（912～985）の『九品往生義』である。

良源の才能を見出したのは藤原忠平である。忠平は良源を崇敬し、自身の後世を託したという。忠平の子師輔（908～960）は、その関係を引き継いで良源の最大の外護者となる。『九品往生義』は、師輔の要請に応じて著されたと言われているのである。

『九品往生義』は、『観無量寿経』九品往生段の註釈書である。『観無量寿経』の全体ではなく、九品往生段のみを別出して註釈したことは、当時摂関家に伝承され始めた臨終来迎の信仰との関連において理解されよう。『九品往生義』は、臨終来迎信仰に教理の体系を与えるために著されたと考えられるのである。

師輔の孫に当たる道長（966～1027）は、晩年源信（942～1017）の『往生要集』を愛読し、阿弥陀仏信仰に傾倒したと言われる。莫大な財を費やして建立した法成寺阿弥陀堂には、本尊九体の阿弥陀仏が安置され、堂の扉には聖衆来迎図が描かれていたという。その子頼通（992～1074）の手になる平等院阿弥陀堂の壁扉にも、九品来迎の図が描かれている。権力の中枢にいた彼らの言動が、社会に大きな影響を与えたことは想像に難くない。

道長の臨終を描いた『栄花物語』巻30「つるのはやし」の記述には、『往生要集』の影響が顕著である。万寿4年（1027）11月、道長は法成寺で療養中であったが、25日には重篤となり阿弥陀堂に移った。天台座主院源の指導のもと、九体の阿弥陀仏の手より糸を引いて、臨終行儀を修している。『栄花物語』はその模様を次のように伝えている。

> すべて臨終の念仏のみおぼしつづけさせ給。仏の相好にあらずよりほかのいろをみむとおぼしめさず、仏法のこゑにあらずよりほかのよのこゑをきかんとおぼしめさず、後生の事よりほかの事をおぼしめさず、御めには弥陀如来の相好をみたてまつらせ給。御みみにはかうたうとき念仏をきこしめし、御心には極楽をおぼしめしやりて、御てには弥陀如来の御てのいと

をひかさせ給て、北まくらに西むきにふさせ給へり。

(『新訂増補国史大系』20, p.601～602)

　これは、『往生要集』巻中、大文第6「別時念仏」の第2「臨終行儀」に見える、次の記述を承けたものであろう。

　　仏子、年来の間、この界の悕（悕＝希イ）望を止めて、ただ西方の業を修せるのみ。就中もとより期するところは、これ臨終の十念なり。今すでに病の床に臥すれば、恐れざるべからず。すべからく目を閉ぢ掌を合せて、一心に誓期すべし。仏の相好にあらざるよりは、余の色を見ることなかれ。仏の法音にあらざるよりは、余の声を聞くことなかれ。仏の正教にあらざるよりは、余の事を説くことなかれ。往生の事にあらざるよりは、余の事を思ふことなかれ。　　　　　　　　　(『大正蔵』84, p.69c)

　臨終の時、聖衆（しょうじゅ）の来迎にあずかるためには具体的に何をすればよいのか。その問いに日本で初めて明快な答えを用意したのは、『往生要集』「臨終行儀」の記述である。そこには、まず道宣の『四分律行事鈔』や善導の『観念法門』、道綽の『安楽集』等の文を挙げて「臨終の行事」が明かされる。『四分律行事鈔』の文は、祇園精舎の無常院の行事を紹介する一節で、いわゆる糸引きの臨終行儀はここに見える。次の『観念法門』には臨終行者の観念の内容と看病人の作法とが示され、『安楽集』には臨終十念を成就する法が説かれる。次に「臨終の勧念」として、臨終行者を支える看病人の心得を説く。はじめに臨終十念の成就を手助けする言葉が紹介されるが、上に挙げたのはその一部である。この後、源信は10項目にわたって臨終時の心の持ち方を詳しく説いている。

　「臨終の行事」を明かす中、最も注目すべきは『観念法門』の引文である。次のように記されている。

　　道（道＝導イ）和尚の云く、「行者等、もしは病し病ならざるも、命終はらんとする時には、もっぱら上の念仏三昧の法によって、身心を正当にして、面を回らして西に向かひ、心また専注して阿弥陀仏を観想し、心口相応し

て声声絶ゆることなく、決定して往生の想、華台聖衆来りて迎接する想をなせ。病人もし前の境を見ば、すなはち看病の人に向かひて説け。すでに説くを聞きをはらば、すなはち説によって録記せよ。また病人、もし語ることあたはざれば、看病（＋者イ）必ずすべからくしばしば病人に問ふべし、何の境界をか見たる、と。もし罪の相を説かば、傍らの人すなはちために仏を念じ、助けて同じく懺悔して、必ず罪を滅せしめよ。もし罪滅することを得ば、華台聖衆、念に応じて現前せん。前に準（華＝准イ）へて鈔（鈔＝抄イ）記せよ。また行者等の眷属六親、もし来りて病を看ば、酒・肉・五辛を食らへる人をあらしむることなかれ。もしあらば必ず病人の辺に向かふことを得ざれ。すなはち正念を失ひ、鬼神交乱し、病人狂死して、三悪道に堕せん。願はくは行者等、よく自ら謹慎して仏教を奉持し、同じく見仏の因縁をなせ」と。　　　　　　　　　（『大正蔵』84, p.69a〜b）

　念仏三昧の法によって身心を正し、心を専注して観仏・称名し、聖衆の来迎を得て自身が往生してゆく想をなせと言うのである。行者の罪業が深くてうまくいかないようなら、看病人はともに念仏懺悔して、滅罪の手助けをしてやらねばならない。それは、「もし罪滅することを得ば、華台聖衆、念に応じて現前せん」と言うように、滅罪によって正念に達し、その正念に応じて聖衆が来迎するからである。行者の正念を乱すものは近づけてはならない。正念を失うと、来迎が得られず、したがって往生はかなわない。臨終来迎の条件として臨終正念の現前が求められている。臨終行儀は臨終正念を得るための修行だったのである。

　『栄花物語』は、道長が臨終正念の獲得を目指したことを明記してはいない。しかし臨終行儀の指導にあたった院源にとっては、それは当然のことであったろうし、道長自身も臨終正念を意識していたことをうかがわせる資料がある。

　『御堂関白記』によると、寛弘4年（1007）8月、道長は金峯山に参詣し、自ら書写した『法華経』等8部15巻の経を山上に埋納している。その時の紺紙金泥経の断片ならびにそれをおさめた銅経筒が、元禄4年（1691）の蔵王堂改修工事の際に出土し、現在国宝に指定されている。経筒の表面には埋経の趣意文が刻まれている。その中、『阿弥陀経』の書写埋納について、次のように述

べられている。

> 阿弥陀経はこのたび書し奉る。これ臨終の時に身心散乱せず、弥陀尊を念じ、極楽世界に往生せんがためなり。

　ここに見える、「臨終の時に身心散乱せず」という文言は、「臨終正念」を意味するものと考えてよかろう。
　10世紀、摂関家に伝承の形跡が見られる臨終来迎信仰は、天台宗の学僧の著述によって、徐々にその教理が明らかにされてゆく。そして11世紀、『往生要集』が貴族社会に流布すると、臨終来迎の条件として、臨終正念の獲得を目指す者が現れる。やがて庶民の間にまで広まってゆく臨終来迎信仰の原型が、ここに成立したものと考えられるのである。

8．叡山浄土教の展開

　10世紀の半ば以降、比叡山には良源・源信のほか、千観・禅瑜・静照（〜1003）・覚超（960〜1034）らが登場して、浄土教教理の研究を進展させる。彼らが目指したのは、天台浄土教の確立である。ことに阿弥陀念仏の実践を天台教学の上に位置づけることが最重要課題であった。以下平安中期における叡山浄土教の展開を見てゆきたい。

（1）良源とその周辺

　良源（912〜985）は、近江国浅井郡の出身、12歳で比叡山に上り理仙に師事、承平7年（937）興福寺維摩会で頭角を現して貴顕の目に留まり、藤原忠平・師輔の外護を受けることになる。応和3年（963）宮中で行われた法華十講（応和宗論）を主導して名声を上げ、康保3年（966）天台座主、天元4年（981）大僧正に任ぜられた。藤原摂関家の支援によって比叡山の堂塔の整備にあたり、また広学竪義を制定して論義による学問研鑽の制度を充実させ、叡山中興の祖と仰がれている。

　『九品往生義』は、『観無量寿経』九品往生段の註釈書で、藤原師輔の要請によって著されたものと言われる。貴族社会に芽生えた臨終来迎信仰に対応した書である。臨終の時に聖衆来迎にあずかり極楽に往生するためには、何をすればよいのかという問いに対し、天台教学に基づいて種々の実践を説いてゆく。ことに「念仏」に関する見解に特徴を見出すことができる。

　平安時代の比叡山の念仏は、観想念仏が主流であると考えられがちであるが、

それは『往生要集』の印象があまりにも強いからで、10世紀の比叡山では、むしろ称名念仏の方が中心だったと言える。良源の『九品往生義』や、千観の『十願発心記』、禅瑜の『阿弥陀新十疑』では、念仏と言えば『観無量寿経』下品段に説く称名の念仏が主たる議論の対象となっているのである。

　称名念仏は 9 世紀以来、比叡山の不断念仏を構成する重要な要素であり、また10世紀に社会全体が大きな関心を寄せた空也の念仏も、称名が中心であった。10世紀末に著された保胤の『日本往生極楽記』には、次に挙げるように、「念仏」という言葉で「称名念仏」を意味する用例が複数見える。

> 梵釈寺の十禅師兼算。……すなはちもろもろの弟子と一心に念仏す。少くしてまた臥すも、口に念仏を廃めず、手には定印を乱さずして入滅す。……
> 沙門弘、(弘＝空イ)也。……口に常に弥陀仏を唱ふ。ゆゑに阿弥陀聖と号す。……天慶より以往、道場聚落に念仏三昧を修すること希有なり。いかに況んや小人愚女は多くこれを忌む。上人来りてより後は、自ら唱へ他をしてこれを唱へしむ。その後世を挙げて念仏を事とす。……
> 延暦寺の僧明請。……すべからく自他ともに念仏三昧すべし。すなはち僧侶を枕前に請じて、仏号を唱へしむ。……
> 沙門増祐。……上人穴の中において念仏して即世す。この時寺の中に廿人ばかり、高声に弥陀の号を唱ふ。驚きて尋ね見るに人なし。……
>
> （『仏全』107, p. 8 b・9 b～10a・10b・11b～12a）

一方「念仏」と「観念」とが同意で用いられていると思われる例は、次の 1 例くらいであろうか。

> 延暦寺楞厳院の十禅師尋静。……五・六日を歴て、さらに沐浴を加へ、三個日夜、永く食飯を絶ちて、一心に念仏す。また弟子の僧に命ずらく、汝すなはち水漿を勧め問訊を致すべからず。観念を妨ぐることあるのゆゑなり、と。　　　　　　（『仏全』107, p. 8 b～9 a）

当時の社会一般における理解としては、「念仏」と言えば「称名念仏」を指す言葉であり、したがって10世紀の比叡山では、まず称名念仏の教理化が急務であったと考えられる。その要請に応えた最初の著述が、良源の『九品往生義』だったのである。

　『観無量寿経』によると、上品人・中品人は概して、菩提心を発し、また種々の善行を重ねるなどして、その報いとして臨終来迎の利益を獲得する。『九品往生義』は、天台宗の立場から諸行の一々を註釈してゆく。ことに菩提心の解釈に天台教学の反映が顕著であることが指摘されている。上品・中品段の釈中では、臨終来迎の因として、発菩提心・修行諸善が力説されるのである。

　これに対し下品人はいずれも悪人で、平生（へいぜい）の善根は全くない。しかるに臨終の時、善知識の教化を受けて罪を滅し、それによって来迎にあずかることができると言う。その滅罪の法として、下品上生・下生段に「念仏」が説かれるのである。

　良源はこの経説にしたがい、下品人の滅罪に関連して念仏を論ずる。そこにはまず次のような問答が設けられている。

　　　問ひて曰く、いかんが十念。答へて曰く、もし下品下生の文に准ずれば、十念を経る頃（あひだ）専ら名を称するを、十念となすなり。南無阿弥陀仏と称する、この六字を経る頃を、名づけて一念となすなり、と。（『仏全』24, p.244a）

　新羅義寂（ぎじゃく）の『無量寿経述義記』巻中の記述を踏襲している。ここに言う「十念」は、称名の念仏である。『九品往生義』で議論される念仏は、下品人が臨終の時、滅罪のために修する称名念仏が中心である。

　念仏が滅罪のために効果があるという見解は、上に掲げた『三宝絵詞』にも見え、比叡山の不断念仏において当初から語り継がれてきた立場である。それは天台の常行三昧ではなく、法照（ほっしょう）の五会念仏に依拠するものと言われる。良源は、その教理的根拠を明確にするため、下品下生段の釈中において、具足十念の称名念仏による滅罪の問題を論じている。そこに良源は天台の『観経疏』と『十疑論』とを引用する。『観経疏』には、「いかんが行者、少時心力をもって、しかもよく終身の造悪に勝るや」と発問され、垂死（すいし）の人は心力猛利（しんりきみょうり）であ

る等と説く『大智度論』の文を引いて答えとする。さらにそれを補足する形で、『十疑論』第八疑の文を引用して、「在心・在縁・在決定」という三つの観点から、臨終十念の力の方が無始以来の悪業の力よりも勝っていることを主張する。三在釈と呼ばれる文である。三在釈は、曇鸞『論註』巻上や道綽『安楽集』巻上にも見える。『論註』や『安楽集』の存在を知った上で、あえて天台宗の典籍を挙げたとまでは言えないが、良源にとっては『十疑論』を引用することに意味があったと思われる。いずれも偽書ではあるが、『観経疏』『十疑論』という天台宗の典籍を用いて、称名念仏の意義を明確にすることができたのである。良源の目的は、天台宗の立場から念仏の教理を構築するところにあったと考えられる。

平安中期以降、阿弥陀仏信仰を教理面から支えたのは比叡山天台宗であるが、『九品往生義』はその先鞭をつけた書と言える。この分野では、天台宗は南都諸宗や真言宗を凌いだのである。良源は、天台教学に基づく阿弥陀仏信仰の教理化によって摂関家の信望を獲得し、比叡山の権門化に大きく貢献したと言えよう。

その反面、修行の場である山上に世俗の権力の介入を許したとして、良源の活動は批判的に見られることもある。良源の門下にも、増賀（ぞうが）（917～1003）のように、師のやり方を快く思わなかった者がいたようである。また空也（くうや）（こうや）（903～972）などは、良源とは対照的に、世俗の権力に背を向けて民衆教化に努めた人物と評される。彼らは「聖（ひじり）」と呼ばれる。

増賀は、師良源が企画した応和宗論への出仕を辞退して、多武峯（とうのみね）へ隠遁する。冷泉院（れいぜいいん）の護持僧（こじ）に任ぜられようとした際には狂気のふりをして逃げ帰ったとか、良源の僧正就任を祝う行列に異様な風体をして現れた等の逸話が伝えられ、名利を嫌った聖者像が描き出されている。しかし多武峯は藤原家祖廟（そびょう）の地であり、天禄元年（970）ここに建立された常行堂は、師輔の嫡男伊尹（これまさ）の手になるものである。また多武峯での増賀の活躍は、師輔の八男高光（たかみつ）（如覚（にょかく）、～994?）によって支えられていたわけで、摂関家との浅からざる関係がうかがわれる。高光は応和元年（961）叡山横川において良源を師として出家、翌年多武峯に移り、その後かねて尊崇の念を寄せていた増賀を呼び寄せたのである。

空也には、忠平の四男大納言師氏（もろうじ）（913～970）という檀越（だんおつ）がいた。師氏の葬

儀にあたり、空也が閻羅王に牒を送り、その処遇に配慮を加えるよう依頼したという『空也誄』の記事は有名である。また応和3年（963）8月、賀茂河原で行った大般若供養会は、空也が十数年にわたって取り組んできた写経勧進活動の帰結であるが、『日本紀略』応和3年8月23日条には、この法会に忠平の嫡男左大臣実頼（900〜970）が列席したことが記されている。実頼も空也の活動を支えていた可能性が高い。『小右記』万寿3年（1026）7月23日条に、空也の没後、弟子の義観が実資を訪れ、空也の錫杖・金鼓を奉ったという記事がある。『小右記』の著者実資は実頼の養子となって小野宮流を継承した人物である。空也およびその一門が、この系統の支援を受けていたことを示唆する資料と言えよう。

　ところで空也の主宰した大般若供養会は、良源の企画した応和宗論と全く同時期に実施されている。大般若供養会は民衆の安穏を願う清らかな聖の活動、応和宗論は貴族を利用して名利を勝ち取るための策略と評され、対照的に見られている。しかし空也の支援者と見られる実頼は、師輔亡きあと政府の最高実力者であり、良源を支えた師輔の遺児たちにとっては最大の政敵であったことを考えると、同時に開催されたこの二つの法会には、宮廷の二大陣営の対抗というような意味合いがうかがわれ、そこには、僧侶とその信者である貴族との相互依存的な関係という、共通の素地を見出すことができるのである。

　10世紀ともなれば、官僧であれ遁世僧であれ、有力な檀越の外護なくしては十分な活動を望めないような状況にあったと思われる。聖といえども、貴族社会から隔絶されていたのではないということを認識しておくべきであろう。

（2）千観と禅瑜

■千観

　千観（918〜983）は、橘氏の出身で、園城寺運昭の弟子、内供奉十禅師を務めた、天台宗寺門派の学僧である。後には摂津箕面、次いで高槻金龍寺に入り、良源から依頼された応和宗論への出仕を辞退して隠遁生活を貫いた。増賀と同じく、聖の要素を多分に持つ人物である。彼を隠遁へと導いたのは空也の教えであったとも言われる。「阿弥陀の和讃」を作って都鄙の人びとと往

生極楽の縁を結び、また「十願」を発して民衆教化に当たる等の行実が伝わるが、荘子女王や藤原祐姫の出家の戒師を務め、源為憲と書簡を交わし、藤原敦忠や源延光の一族とも交流があるなど、貴族社会とも深い繋がりを持っていたことが知られる。

　千観には多くの著述が伝わるが、浄土教教理に言及するのは『十願発心記』である。自ら発した「十願」を註釈した書である。「十願」の内容はおおよそ次のとおりである。

> 第1願…一代仏教を学び、六根清浄を成就し、弥陀来迎を蒙って、一切衆生とともに極楽に往生したい。
> 第2願…往生の後、速やかに娑婆に還来して有縁の衆生を度し、弥勒の出現までの間、釈尊の遺法を説き続け、弥勒の初会においては、最初に菩提の記を授かりたい。
> 第3願…十方諸仏に承仕し、その対告衆となって衆生のために質問し、また仏に随って説法したい。
> 第4願…十方諸仏の滅後から後仏の出世まで、仏法が滅ぶことのないよう維持したい。
> 第5願…無仏の世界に現れて愚暗の衆生を導きたい。
> 第6願…三災劫・雑染界に現れて衆生の苦を救うこと薬師如来のごとくありたい。
> 第7願…六道・三乗の苦を救うこと地蔵菩薩のごとくありたい。
> 第8願…有縁の一切衆生を抜済引接すること阿弥陀仏のごとくありたい。
> 第9願…あらゆる菩薩の善友となり仏道を成就せしめること文殊師利のごとくありたい。
> 第10願…一切衆生の身に添うて仏道に引導すること観世音のごとくありたい。

　往生極楽の願いに始まり、上求菩提・下化衆生の誓願が盛り込まれている。十願は千観自身の菩提心であると言える。

　『十願発心記』の特徴は、在家信者に対して発心を勧めているところにある。

彼が教化の対象としたのは、上流貴族から近隣の庶民に至るまで、実に幅広い衆生であった。在家信者が菩提心を発すのは至難の業であろうが、たとえ今生での成就はかなわないとしても、今発心しておくことが重要であると説き、十願の内容を解説してゆく。なかでも第1願の釈に最も多くの紙面を費やしている。一切衆生とともに往生極楽を願うという第1願は、千観自身が目指した仏道の基盤であるとともに、衆生教化の指針だったのであろう。第1願釈では、臨終から往生に至る過程が詳細に示されているが、そこでも発心の意義を明確にすることに主眼が置かれている。発心することによって、臨終の時、身心安楽の状態が得られる。それによって念仏の実践が可能となり、聖衆来迎にあずかり、往生してゆくことができると言うのである。当時の貴族たちが最も深い興味を寄せていた、臨終来迎信仰の教理を組織するにあたり、発心の重要性を強調した書であると言える。

■禅瑜

禅瑜（ぜんゆ）（913?〜990）は、信濃国（しなの）あるいは尾張国（おわり）の出身、良源門下の長老として活躍した学僧である。ことに論義に長じ、応和宗論では北嶺（ほくれい）十口の筆頭に挙げられ、論義の名所第5巻の講師を務めた。貞元（じょうげん）2年（977）北嶺探題（たんだい）、寛和（かんな）2年（986）には権小僧都（ごんのしょうそうず）に任ぜられている。

著述『阿弥陀新十疑』は、天台『十疑論』の形式に倣（なら）い、天台教学に基づく浄土教教理の構築を目指した書である。後世への影響も大きく、ことに院政期、天台宗において浄土教義科が整備される際に重要な役割を果たしている。初期の叡山浄土教を代表する著述の一つである。以下にその概要を紹介したい。

> 第1疑…衆生が種・熟・脱の三益を経て得脱するという、天台宗の教説を用いて、九品往生人の宿縁を論じている。特に下々品人が十悪五逆の罪を犯しながら臨終十念の称名によって往生できるという教説に疑問を投げかけ、宿世の善業を強調することによって説明している。この問題は天台『十疑論』の第8疑に取り上げられている。そこには、臨終十念によって無始以来の悪業が取り除かれるのは、宿善によるからであるという見解が示されているが、十分

な議論がなされているわけではない。禅瑜はそれを補強しようとしたのであろう。

第2疑…普賢懺悔(さんげ)の法においては、最も障礙(しょうげ)の重い者は普賢菩薩を見るのに三生かかるのに、弥陀念仏の法では、下々品の悪人が忽然として迎接(こうしょう)を蒙ると説かれる。この点に疑問を呈し、第1問答では、仏の法と菩薩の法との違いであると釈するが、第2問答では随機の説法を仰信せよと説いている。ここでも第1疑と同様、九品往生の法門が、得益(とくやく)の大きさに比べて因行(いんぎょう)が易し過ぎることを問題としている。やはり『十疑論』第8疑の教説を補強したものと言える。

第3疑…九品往生の法門に疑惑を懐く者に対して、これは如来の密説であるから仰信せよと主張している。ここでも、九品往生の法門が易行に過ぎる点に疑問が注がれており、第1・2疑と同様、『十疑論』の第8疑の補強である。

第4疑…女人・根缺(こんけつ)あるいは二乗の往生の可否を論ずる。『十疑論』第9疑の説を挙げた上に、通教(つぎょう)の三乗共十地の立場から、極楽の声聞は実は菩薩であると言い、さらに二乗を定性と不定性とに分け、極楽にいるのはやがて大乗に回入する不定性の声聞であり、灰身(けしん)滅智(めっち)する決定性の二乗は往生できないという見解を付け加えている。

第5疑…冒頭の発問は、未断惑(みだんわく)の凡夫は往生できるのか否かというものであるが、この問題は第1問答の、「未断惑の凡夫、念仏の力に依りて往生を得るなり」という一答によって決している。以下の問答では、滅罪の問題が議論の対象となっている。禅瑜は、断惑と滅罪とを混同してはならないと言い、念仏によって生死の罪を滅することが往生の要件であると主張している。『十疑論』第5疑に扱われた問題を継承している。

第6疑…五逆(ごぎゃく)謗法人(ほうぼうにん)の往生の可否を論ずる。曇鸞・浄影(じょうよう)以来論ぜられてきた、浄土教の重要問題の一つであるが、『十疑論』には扱われていない。禅瑜は、天台『観経疏』や良源『九品往生義』等の記

述を参照しつつ、『十疑論』の不備を補ったものと思われる。方等弾呵教では五逆人の往生を許さないのが本筋であるが、『観無量寿経』に五逆人の往生を説くのは、勧進のための方便説であると言い、方等経典には四教のすべてが説かれるという見地から、五逆謗法の往生を許さないのは通教の立場、許すのは円教の立場であると会通する。

第7疑…未断惑の凡夫が極楽に往生して、ただちに不退転に住するという教説に疑問を呈し、地上の聖者ではなくても、極楽の功徳によって不退転に住せしめられるという、『十疑論』第6疑の教説を踏襲している。

第8疑…弥陀身土論を扱う。浄影以来論ぜられてきた問題であり、天台浄土教においても重要問題の一つであるが、『十疑論』には扱われていない。禅瑜は、天台『観経疏』等を用いて天台宗の立場を堅持し、「同居浄土・劣応身」と主張する。

第9疑…阿弥陀仏が諸仏に比べてことに勝れているという教説に対する疑問を取り上げ議論している。『十疑論』第4疑に取り上げられた議論を展開させたものである。

第10疑…像末の時には現生証果は不可能であるから、極楽を願生すべきであるということを主張している。末法濁世における浄土教の意義を論じたものと言える。天台『十疑論』にも五濁悪世という意識は随所に見えるが、末法思想を正面から論じたところはない。中国・朝鮮の浄土教典籍では、道綽の『安楽集』をはじめとして末法思想を取り上げたものは多いが、禅瑜はそれらの教説には全く触れず、天台教学との関連に重点を置いて、新たな見解を提示している。

ここに取り上げられた問題の多くは、天台『観経疏』『十疑論』や良源『九品往生義』においてすでに扱われたものである。禅瑜はそれら天台宗の浄土教典籍から諸問題を拾い上げ、その解釈に天台教学の特徴を十分に盛り込んで、新たな見解を提示することを目指したと言える。禅瑜は良源の志を継承し、天

台教学を基盤とした浄土教教理の構築を目指して、『阿弥陀新十疑』を著したのである。

（3）源信

■『往生要集』の大綱

　恵心僧都源信は、天慶5年（942）、大和国葛城下郡当麻郷に生まれた。父は卜部正親、母は清原氏の出身と伝わる。幼くして比叡山に上り、慈慧大僧正良源に師事、天台教学を学んだ。32歳で広学竪義に及第して頭角を現すが、名利を嫌い横川に隠棲、学問と念仏の実践とに没頭した。63歳の時に権少僧都に任ぜられるが、翌年にはこれを辞退している。寛仁元年（1017）6月10日、76歳で没した。

　著書には『一乗要決』3巻、『因明論疏四相違略註釈』3巻、『大乗対倶舎抄』14巻、『阿弥陀仏白毫観』1巻、『阿弥陀経略記』1巻等がある。

　『往生要集』は寛和元年（985）、源信44歳の時の著述である。3巻、あるいは各巻を本末に分けて6巻よりなる。序文には、撰述の趣意を次のように述べている。

　　それ往生極楽の教行は、濁世末代の目足なり。道俗貴賤、誰か帰せざる者
　　あらん。ただし顕密の教法、その文一にあらず。事理の業因、その行これ
　　多し。利智精進の人は、いまだ難しとなさず。予がごとき頑魯の者、あに
　　あへてせんや。このゆゑに念仏の一の門によって、いささか経論の要文を
　　集む。これを披きこれを修するに、覚り易く行じ易し。
　　　　　　　　　　　　　　　　　　　　　　　　　　（『大正蔵』84, p.33a）

　往生極楽の法門すなわち浄土教を末世相応の仏教と捉え、その教理・実践を説く幾多の教えの中から、特に「念仏」の法門一つを選んで、ここにその教説を提示しようと言うのである。念仏の一門のみを説く理由は、頑魯の者を対象とするからである。源信は、末世の凡夫を所被の機として、浄土教教理の構築を目指したと考えられる。

本論は、次の10章よりなる。

①厭離穢土　②欣求浄土　③極楽証拠　④正修念仏　⑤助念方法
⑥別時念仏　⑦念仏利益　⑧念仏証拠　⑨往生諸行　⑩問答料簡

　大文第1「厭離穢土」の章には、地獄をはじめとする六道の苦や不浄の相を示し、娑婆を厭離する心の持ち方を明かして、三界穢土を厭い離れよと説く。大文第2「欣求浄土」では、往生人が感得する極楽の十楽を挙げて、往生極楽を勧めている。大文第3「極楽証拠」には、諸の浄土の中から特に極楽のみを勧める理由を示す。

　大文第4「正修念仏」は『往生要集』の中核をなす章で、世親の『浄土論』に説かれた五念門（礼拝門・讃嘆門・作願門・観察門・回向門）の行業に依拠して、「念仏」の実践を組織している。ことに作願門・観察門の記述に多くの紙面を費やしている。作願門では発菩提心とその実践とを説き、観察門では主として阿弥陀仏の色身相を観想する方法を示すが、観想念仏に堪えられない者に対しては、帰命・引接・往生の想の中で一心に称名念仏することを勧めている。

　大文第5「助念方法」には、観念を助けて往生を成し遂げるためのあらゆる方法を示す。その末尾には、「総結要行」として往生の行業をまとめ、「菩提心を発すこと」「三業の悪を止めること」「深信・至誠・常念による念仏」の三法を挙げ、「往生の業は念仏を本となす」と述べている。

　平生の念仏について論じた大文第4・第5に続いて、大文第6「別時念仏」の章では、特定の日時を限って行う念仏の行法を示す。まず「尋常別行」の項には、『摩訶止観』の常行三昧等の行法を紹介し、「臨終行儀」には、臨終行者のもとに集った結衆が、行者を支えて往生極楽へと導いてゆく方法が紹介されている。特に「臨終行儀」の記述は、この直後に始まる叡山横川の二十五三昧会をはじめ、社会の広い範囲に大きな影響を与えている。

　大文第7「念仏利益」は、諸経論に示された念仏の利益を列挙して信を勧める章、大文第8「念仏証拠」は、諸経論の説によって念仏が往生の業であることを証明する章である。

　大文第9「往生諸行」には、念仏以外の往生行を紹介し、大文第10「問答料

簡」には、仏身・仏土、往生人の行位等、上来の諸章で論じ残した諸問題に関する問答が集められている。

『往生要集』は、静照・覚超等同時代の天台宗の学僧の著述に取り上げられ、以後仏教思想のみならず、文学・美術・芸能等諸方面の業績を通じて、日本人の精神世界に極めて大きな影響を及ぼしている。

『往生要集』を先達として浄土門に入ったという法然は、『往生要集釈』等4部の註釈を著している。そのほか良忠『往生要集義記』8巻をはじめ、多数の註釈書がある。

先に触れた二十五三昧会は、寛和2年(986) 5月、横川首楞厳院の住僧25人が根本結衆となって発足、『往生要集』を指南として極楽往生を目指した念仏の集会である。発足後まもなく源信が指導者として招聘され、また『日本往生極楽記』の著者で勧学会の主催者であった慶滋保胤 (986年4月出家、法名寂心) も関わっていたと言われている。八箇条・十二箇条の起請文や源信作『二十五三昧式』等によると、毎月15日に集結して不断念仏を修すること、もし結衆中に病人が出た場合は、往生院に収容して看病し、臨終に際しては念仏を勧め極楽往生の手助けをすること等が定められ、葬儀・埋葬についても細かい取り決めがなされていたことがわかる。『楞厳院二十五三昧過去帳』(広本) には、祥連 (987年1月12日没) から覚超 (1034年1月24日没) に至る51名の結衆が列記され、主だった者については略伝が付記されている。源信の伝は覚超筆と言われ、源信の行実を知る貴重な資料である。

源信像 (延暦寺蔵)

■『往生要集』の思想

『往生要集』は、天台教学に立脚し、特に「念仏」の法門に焦点を絞って、往生極楽の教理ならびに実践の体系を組織した書である。前節に触れたが、良源の『九品往生義』では、念仏と言えば『観無量寿経』下品段に説く称名の念

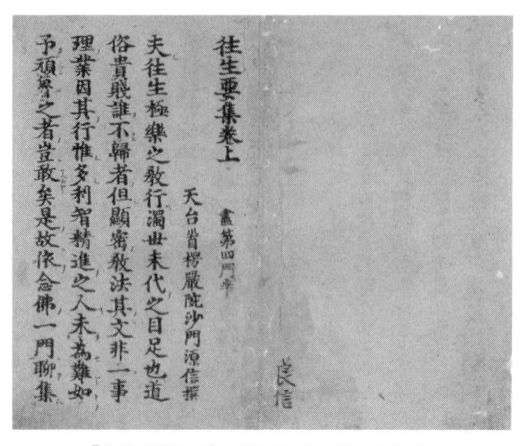

『往生要集』建長版（龍谷大学図書館蔵）

仏が主たる議論の対象であった。千観の『十願発心記』や禅瑜の『阿弥陀新十疑』でも同様である。10世紀の叡山浄土教は、称名念仏の教理化という課題を抱えていたのである。極楽に往生するためには、臨終に聖衆来迎にあずからなければならない。そのためには宿世より積み重ねた罪業を滅しておかなければならない。滅罪のためには称名の念仏が効果的である。これが良源・千観・禅瑜ら、初期の叡山浄土教諸家が提示した通説であった。

『往生要集』は、この通説に立ち向かうかのように、念仏についての詳細なる議論を重ねている。源信は大文第4「正修念仏」の章に念仏の教理を組織するが、その冒頭に世親『浄土論』所説の「五念門」を掲げ、その全体を「念仏」と呼んでいる。それは大乗仏教の実践のすべてを包含するほどの視野で念仏を捉えようとしたためである。ただし源信は『浄土論』の立場をそのまま継承するのではなく、五念門の枠組みだけを採用して、内容は独自の思想に塗り替えている。その思想的特徴は、第3作願門と第4観察門の記述に求めることができる。

源信は作願門を「発菩提心」と捉える。たんなる願生心ではなく、発菩提心とするのは、往生極楽を目指す念仏の実践は、仏果の成就を究極の目標とする大乗仏教の修行であることを強調するためである。さらに源信は、元暁の教説を承けて発菩提心を「縁事・縁理」に開き、凡夫所発の縁事発心が、正しい「用心」によって、円教の三諦相即の立場で発す縁理発心に通じてゆくことを主張する。凡夫の発心が、初発心より往生浄土を経て畢竟仏果に至るまで、行者を支え続けることを示しているのである。

次の観察門では、主として阿弥陀仏の色相観の方法を説いている。『浄土論』の「観察門」には三厳二十九種の荘厳功徳成就の相が説かれる。最も特徴的な

教説と言えるが、源信はこれに触れず、「別相観」「総相観」「雑略観」の三項目を立てて、独自の行法を組織している。色相観に主眼を置くのは、初心の行者への配慮であると言う。

「別相観」には、華座観と仏身観とを説く。特に仏身観の記述は詳細を極め、頭頂より足下に至るまで42の相を個別に観じてゆく方法が説かれている。

「総相観」には、阿弥陀仏の総身を観ずる法が説かれる。まず蓮華座上にあって無量の化仏・菩薩に囲繞され、八万四千の相好を具し、その一々より摂取不捨の光明を放つ姿を一時に観ぜよと言う。次いで三身一体の仏身観が示される。三世十方の諸仏の三身、さらには無尽の法界がすべて阿弥陀仏の一身に備わり、一体となっている様を観じつつ、やがて中道真如を観ずる「理観」へと行者を導いてゆく。理観を頂点とする天台宗の実践の体系の中に弥陀念仏の法を位置づけているのである。

「雑略観」には、阿弥陀仏の白毫相を観ずる方法が示されている。源信には『往生要集』以前の著述として『阿弥陀仏白毫観』がある。『往生要集』の「雑略観」は、『阿弥陀仏白毫観』の記述をほぼ踏襲したものであることが指摘されており、源信が早くから白毫観に注意を払っていたことが知られる。

「雑略観」の後に源信は「極略観」を付け加える。白毫より放たれる光明の中に摂取された自身を念じながら、衆生とともに往生することを願えと言い、さらに、相好を観念する能力のない者に対しては、「或は帰命の想により、或は引摂の想により、或は往生の想によって、まさに一心に称念すべし」と説く。この「三想一心称念」には称名念仏が含まれると考えてよかろう。源信は「観察門」の末尾に、わずかに称名念仏に触れているのである。

大文第6「別時念仏」の第2「臨終行儀」の項には、臨終行者を往生極楽へと導いてゆく方法が説かれている。臨終行儀の目標は、自往生観による臨終正念の現前にある。自身が往生してゆく姿を観想する自往生観は、臨終正念の獲得に効果がある。臨終正念を目的とするのは、その正念に対して、聖衆来迎が顕現すると考えていたからである。「臨終の十事勧念」には、導入部に厭穢・欣浄観を説き、次いで五念門行による観念を示し、最終的には自往生観から臨終正念へと行者を導いてゆく方法が説かれている。なかでも白毫観の果たす役割は大きく、自身を光明摂取の中に確認することが、自往生観を実現するた

めの手段となると言う。源信が組織した念仏の教理の基底には、臨終来迎信仰への対応という意図が見出されるのである。

　源信は、大乗菩薩道の理に契い、しかも末世の凡夫にも実践可能な「念仏」を提示するために『往生要集』を著したと言える。貴族の要望に応えるために安易な「念仏」を示そうとしたのではない。しかし結果的に、『往生要集』は11世紀の貴族社会に流布し、臨終来迎信仰の隆盛に大きな役割を果たすことになる。それは『往生要集』が時代の要請に即応する書だったからであろう。

9．院政期の浄土教

　浄土教の教理研究は、平安中期までは天台宗の独壇場であったが、院政期には南都・真言の諸学派も参入し、日本仏教の全体が浄土教に関心を寄せるようになる。

　天台宗では、10世紀以来の研究成果を集約して、『安養集』『安養抄』『浄土厳飾抄』等、天台浄土教の義科集が編纂される。論義法会に頻出するようになった浄土教の諸問題に対処するための書である。また天台本覚思想と浄土教とを融合して観心念仏を説く、『観心略要集』『真如観』『妙行心要集』等の文献が出現する。さらには後に融通念仏の祖と仰がれる良忍の活動にも触れておく必要があろう。

　南都・真言の諸学派における業績としては、永観の『往生拾因』『往生講式』『三時念仏観門式』、珍海の『決定往生集』『安養知足相対抄』『菩提心集』、実範の『観自在王三摩地』『病中修行記』、覚鑁の『阿弥陀秘釈』『五輪九字明秘密釈』『一期大要秘密集』等を挙げることができる。

　学僧たちの研究活動は、時代の思潮に支えられ、社会の要請に応じてなされたものと言える。そこでまず、院政期における阿弥陀仏信仰の特徴を捉えるべく、阿弥陀堂建築や浄土教芸術の流行、往生伝の記述、聖の活動、講の組織などを手がかりとして、臨終来迎信仰の展開を概観しておきたい。

（1）臨終来迎信仰の展開

　第一に、阿弥陀堂建築の流行は、臨終来迎信仰の隆盛と密接な関わりがある。

平等院鳳凰堂扉絵（上品中生図）
写真提供：平等院／撮影：城野誠治

阿弥陀仏を本尊とする堂舎は、道長の法成寺無量寿院や、頼通の平等院阿弥陀堂が有名であるが、数量的にも、また壮麗さにおいても、院政期に頂点を極める。建立者は、天皇から新興の武士層に至るまでまちまちだが、院とその側近の手になるものが最も多い。収奪した財産を惜しみなくつぎこんで、次々と寺院を建立し、その功徳によって現当二世の安楽を祈ったのである。当来の利益は極楽への往生に代表される。阿弥陀堂には、来迎仏の像や聖衆来迎の図が安置され、また臨終行儀の場として迎接堂が別に建てられることもあったことが指摘されている。彼らは、臨終来迎を求め、臨終正念の獲得を目指して、臨終行儀にいそしんだのである。院政期、この階層には、臨終正念の現前が聖衆来迎の条件であるという、『往生要集』の思想が浸透しつつあったのであろう。九条兼実（1149～1207）の『玉葉』治承4年（1180）12月29日条には、「臨終正念の宿願、一期の大要なり」とあるが、やがてこのような考え方が貴族社会の全体を覆ってゆくのである。

　第二に、往生伝の記述は、庶民の間に浸透した阿弥陀仏信仰の様相を知る手がかりとなる。

　保胤の『日本往生極楽記』を範として、12世紀には『続本朝往生伝』『拾遺往生伝』『後拾遺往生伝』『三外往生記』『本朝新修往生伝』が相次いで登場する。それ以降にはほとんど著されなくなるので、往生伝の編纂は院政期の特徴と言える。そこには『往生要集』のような厳密な教理の体系が示されているわけではない。しかしそれだけに一般社会における信仰の雑多な様相を伝えていると考えられる。

往生伝には、天皇や貴族・高僧から聖・庶民に至るまで、さまざまな階層の人たちの往生の物語が集められている。社会での地位はもちろん、平生の行業や往生の因行もまちまちで、それを類型化することにほとんど意味はない。顕密の行法を修めつくした高僧の伝があり、また『往生要集』によって臨終行儀を修した僧や貴族の伝もある。しかしそのような修行とは無縁の愚かな人びとの往生を伝えたものも多い。院政期に著された往生伝には、臨終正念の現前を伝えた記事もあるが、臨終正念の有無によって往生の可否を判断するというような立場には至っていない。臨終正念の獲得を「一期の大要」とするほどの緊迫感は、12世紀の段階では、庶民層にまでは行きわたっていなかったと見てよかろう。

　往生伝は、ただ往生の奇瑞を記録した文学なのである。そこに描かれた奇瑞は、例外なく聖衆来迎を連想させるものである。臨終の奇瑞によって来迎が確認され、往生が確信される。それが当時の一般社会における通念であった。難解な教理とはかかわりなく、あらゆる階層の人びとの臨終に注目し、おびただしい数の往生譚が収集され、語り継がれたのである。社会の全体に、臨終来迎への関心が高まってきたことがうかがわれよう。

　第三に、庶民層への阿弥陀仏信仰の伝播を考える上で、聖(ひじり)の活動を見逃すことはできない。

　聖の性格は極めて多様で、類型化が困難である。橋川正氏は、遁世僧(とんせ)を「聖」と呼び、それをさらに「持経者(じきょうしゃ)」「聖」「沙弥(しゃみ)」に分けてそれぞれの活動を分析する。そして「聖」の系統から法然の専修念仏宗、「沙弥」の系統から親鸞の浄土真宗、「持経者」の系統から日蓮の法華宗がで出たと言う（橋川正『日本仏教文化史の研究』「平安時代における法華信仰と弥陀信仰─とくに『法華験記』と往生伝の研究を中心として─」中外出版，1924年）。井上光貞氏の説は、この橋川説を継承するものである。すでに触れたように、井上氏は聖を国家仏教の体制外に置き、黒田俊雄氏はこれを顕密仏教の内側に捉える。その後も多くの学者がこの問題を論じてきた。近年では、黒田氏の説を承けた平雅行氏が井上説を徹底的に批判している。平氏は、聖による民間への仏教の浸透は、顕密仏教による民衆意識の呪縛の深化を物語ると言い、法然の宗教を、顕密仏教の呪縛から民衆の意識を解放するものと評価する（平雅行『日本中世の社会と仏教』序Ⅱ「浄土教研究の課題」塙書房，1992年）。

いずれにしても、聖の活動が阿弥陀仏信仰の流布に大きく寄与したことは確かである。ことに、聖の指導のもとに組織されたとみられる種々の講は、阿弥陀仏信仰の庶民への伝播を考える上で重要である。

往生極楽を目指す人びとの集いは、10世紀の比叡山における不断念仏伝承の過程にその萌芽が見られるが、民衆教化を目的とする講は、源信の始修と伝えられる迎講などがその先駆であろう。阿弥陀仏・諸菩薩の扮装をした結衆が練り歩き、聖衆来迎の有様を演出するこの法会には、『往生要集』の影響が顕著であると言われる。往生伝や『法華験記』『今昔物語集』には迎講の勤修を伝える記述が多く、院政期には盛んであったことが確認できる。『中右記』天仁元年（1108）9月4日条には、永観が京都東山で迎講を修し、都の人びとがこぞって参加したことが記されている。迎講は、貴賤道俗の誰もが参加できた、臨終来迎の疑似体験の法会である。参集者が自分自身の往生してゆく姿を心に描き出す効果をねらったものであろう。すでに述べたように、自往生観は臨終行儀において最も重要な行業である。平生に迎講を勤修することには、臨終を迎えるための準備という意義が見出されよう。迎講に参集した者が皆、臨終正念の獲得を目指すようになったというわけではなかろうが、少なくとも、臨終来迎信仰の庶民層への浸透に果たした役割は大きかったと思われる。

10世紀、藤原摂関家にその萌芽が確認された臨終来迎信仰は、院政期には貴族社会の全体に、そして庶民の間にも浸透してきたことがうかがわれた。阿弥陀仏信仰の庶民層への広がりは、聖たちによってくりひろげられた伝道活動のたまものであろうが、それは同時に、臨終正念が現前しなければ往生できないのではないかという、不安感をももたらしたことであろう。そのような感情は、12世紀の段階では、庶民層の隅々にまで行きわたっていたとは言えない。しかし次節に述べるように、院政期の浄土教典籍には反映されており、鎌倉時代に成立する法然や親鸞の浄土教教理においては、克服すべき前提として存在したようである。

『西方指南鈔』所収の「法然聖人御説法事」によると、法然は、臨終来迎の意義として、①臨終正念のために来迎す、②道の先達のために来迎す、③対治魔事のために来迎す、という三義を挙げる。その第一を釈する中に、次のような教説が見える。

しかれば臨終正念なるがゆゑに来迎したまふにはあらず、来迎したまふがゆゑに臨終正念なりといふ義あきらかなり。在生のあひだ、往生の行成就せむひとは、臨終にかならず聖衆来迎をうべし。来迎をうるとき、たちまちに正念に住すべしといふこころなり。しかるにいまのときの行者、おほくこのむねをわきまえずして、ひとへに尋常(じんじょう)の行においては、怯弱(こにゃく)生じて、はるかに臨終のときを期して、正念をいのる、もとも僻韻なり。しかればよくよくこのむねをこころえて、尋常の行業において怯弱のこころをおこさずして、臨終正念において決定のおもひをなすべきなり。これは至要の義なり、きかむ人こころをとどむべし。この臨終正念のために来迎すといふ義は、静慮院(じょうりょ)の静照法橋(じょうしょうほっきょう)の釈なり。　　　　（『大正蔵』83, p.848c）

臨終正念の獲得を切望するあまり、臨終念仏ばかりを心にかけ、尋常念仏を軽視する者が多かったようである。法然は、そのような風潮を批判し、臨終来迎は平生念仏の利益として与えられ、臨終正念はその来迎によってもたらされると主張する。このような見解が、すでに静照（～1003）によって打ち出されていたことは驚くべきであるが、一般社会にまでは浸透しなかったのであろう。法然によって見出されたこの立場は、臨終正念の獲得に汲々とする人びとの心に安らぎを与えるものであったにちがいない。法然は、臨終行儀を否定したわけではないが、重視もしなかったようで、『和語燈録』巻5所収の「一百四十五箇条問答」には、次のような記述が見える。

　一、臨終に善知識にあひ候はずとも、日ごろの念仏にて往生はし候べきか。答。善知識にあはずとも、臨終おもふ様ならずとも、念仏さへ（さへーイ）申さば往生すべし。　　　　（『大正蔵』83, p.231a）

この立場を継承した親鸞は、次のような見解を提示している。

　来迎は諸行往生にあり、自力の行者なるがゆゑに。臨終といふことは、諸行往生のひとにいふべし、いまだ真実の信心をえざるがゆゑなり。また十悪・五逆の罪人の、はじめて善知識にあうて、すすめらるるときにいふこ

となり。真実信心の行人は、摂取不捨のゆゑに正定聚のくらゐに住す。この
ゆゑに臨終まつことなし、来迎たのむことなし。信心のさだまるとき往
生またさだまるなり。来迎の儀則をまたず。正念といふは、本弘誓願の信
楽さだまるをいふなり。　　　　　　　　　　　　（『大正蔵』83.p.711a）

　臨終来迎信仰そのものを否定したと言っても過言ではなかろう。上の記述は
建長3年（1251）、親鸞が関東在住の門弟からの質問に答えた書簡の中に見え
るものである。臨終正念の渇望とそれに伴う不安感は、鎌倉時代中期までには、
庶民層の、しかもかなり広範囲にまで浸透していたことがうかがわれるのであ
る。
　以上のような時代背景を考慮に入れつつ、次に南都北嶺の諸学派における浄
土教教理研究の進展について考察してゆきたい。

（2）天台宗の動向

■浄土教義科の成立

　11世紀には、貴族社会に阿弥陀仏信仰が浸透し、論義法会の場に浄土教の諸
問題が登場することとなる。権門ゆかりの寺社で催される論義法会は、学僧の
登竜門であると同時に、貴顕道俗の集う晴れの場であり、学僧の側には、自ら
の学問の成果を発表するという意識のみならず、列席の貴族たちの知的要望に
応え、もしくは奇抜な手段に訴えてでも貴顕の注目を集めて出世の糸口をつか
もうとする野心が見え隠れしている。寺社としても、経済的援助を引き出す手
段として、論義法会の勤修には大きな意義があった。一方の貴族たちは、これ
らの法会への参列によって、自身の学識や信仰を深めるとともに、寺社の趨勢
に目を光らせ、その勢力を掌握してゆこうとしたのである。
　当時、浄土教教理の担い手は天台宗であった。10世紀以来の研究成果を存分
に発揮して、論義法会において指導的地位を占めたことが推察される。論義に
備える手引書としては、『往生要集』をはじめとする天台宗の浄土教典籍が用
いられたことであろう。しかし次第に、『往生要集』だけでは論義に対応しき
れないほど、浄土教教理の研究が進展してきたことが考えられる。そのような

9．院政期の浄土教　　111

状況下に成立したのが『安養集』『安養抄』『浄土厳飾抄』という一連の文献である。

『安養集』10巻は、延久3年（1071）、藤原頼通の側近として活躍した源隆国（1004〜1077）が、天台宗の学僧とともに平等院南泉房において編纂したもので、「厭穢・欣浄・修因・感果・依報・正報・料簡」という7門の組織のもとに、天台浄土教に関する95の論題を立て、各論題下に、それぞれの問題に触れた経論章疏の要文、のべ775文を列挙するという形をとる、浄土教に関する論義のための参考資料集、いわゆる義科要文集である。以下に95論題の名目をあげておく。

［巻1本］　1厭離穢土　2欣求浄土　3十方仏証明　4極楽兜率優劣難易　5兜率極楽相対　6極楽十方相対
［巻1末］　7諸法門中偏勧念仏三昧　8念仏方法　9修行久近　10念仏　11念仏三昧証　12現世利益　13現身見仏
［巻2］　14正為凡夫説　15要発菩提心　16十念　17滅罪　18念仏利益　19是心作仏是心是仏　20善悪知識　21知魔非魔　22往生人所見霊偽（霊偽＝虚実カ）
［巻3本］　23十六想観　24十六観滅罪　25日想観　26水想観地想観　27宝樹観　28宝池　29華座　30仏身量　31仏相好　32惣観
［巻3末］　33三輩修因　34九品往生修因
［巻4］　35仏迎来不来　36九品所乗異　37中陰有無　38命終心三性五受分別　39華開遅速　40得道時異　41劫量　42往生相貌　43往生多少　44往生難易　45三輩九品異同　46九品往生階級　47三輩九品階位
［巻5］　48去此遠近　49国土寛狭　50世界安立　51国土名号　52極楽清泰同異　53上下分別　54三界摂不摂　55五趣無有　56雑浄穢同処異処
［巻6］　57土因　58国土
［巻7］　59宝地　60宝池　61宝樹　62道樹　63衆鳥　64宮殿楼閣　65天楽　66四生分別　67漏尽通

［巻 8 ］68法蔵発心　69弥陀修業　70成仏久近　71三身分別　72仏名号
　　　　　　73仏寿命　74来往供仏　75声聞菩薩多少　76仏誓願　77飲食
　　［巻 9 本］78不退　79菩薩徳行　80観音勢至　81二菩薩授記　82神通　83
　　　　　　聖衆光明　84所化身相
　　［巻 9 末］85三聚　86女人二乗有無　87羅漢生不生
　　［巻 10 ］88諸趣往生　89信毀因縁　90小教説不説　91経教興廃　92翻訳
　　　　　　説時　93教興由致　94別時意趣　95五逆謗法生不生

　『安養集』は『往生要集』の綿密なる研究を基盤として編纂された書であるが、概して『往生要集』には紹介されなった要文を重点的に集めようとしている。『安養集』は、論義に対処するために、『往生要集』の不足を補った文献であり、『往生要集』とともに手元に置いて論義の手引書とされたものと考えるのである。
　ただし『安養集』は、『往生要集』との関係が密接であるだけに、完成された義科集と言うにはやや不十分の感がある。「厭穢・欣浄・修因・感果・依報・正報・料簡」という 7 大門の名目や、「厭離穢土・欣求浄土・十方仏証明・極楽兜率優劣難易・兜率極楽相対・極楽十方相対……」と次第する95論題の名称は、『往生要集』の影響下にあって、義科の論題名としては未完成である。しかし、かえってこれをもって、最も原初的な天台浄土教の義科要文集と位置づけることができるのである。
　『安養抄』 7 巻は、白河院政期の成立、編者は未詳である。『安養集』と同じく義科要文集の形をとる文献で、85論題よりなる。各論題における問題意識の所在、引用文献の傾向等、『安養集』を下敷きとしていると言っても過言でないほど大きな影響を受けている。『安養集』と『安養抄』とを比べると、誤字までが一致した引文が少なくない。しかるに、「安養浄土四種仏土中何耶・安養為上品浄土為当如何・安養界去此量何・十六想観中花座観依正中何……」と次第する『安養抄』の論題名は、義科の論題としてふさわしいものであり、次第に義科集としての形を整えてきていることがわかるのである。
　『浄土厳飾抄』 1 巻は、『安養抄』の直後、12世紀初めの成立とされ、論題は、『安養抄』の前半の40論題をそのまま受け継いでいる。おそらく後半に相当す

る分もあったはずで、残闕本であろう。ただし『浄土厳飾抄』は、本文が問答体で構成され、論義を展開させている点に特徴がある。『安養抄』を用いて著された、完成された義科書と言えよう。

これら一連の文献によって、天台浄土教の義科が、11〜12世紀に整備されたことがわかるのである。

これ以降、13世紀末までの資料が乏しいが、後に浄土教の諸問題は、「九品往生義」という論目のもとで論ぜられることになる。義科「九品往生義」を収める現存最古の義科集は、1290年代に成立した『阿抄』であるが、その「九品往生義」の項は、「①阿弥陀報応事、②凡夫二乗不発大乗心生極楽耶、③五逆謗法人生極楽乎、④九品往生人者皆薄地凡夫歟、⑤九品往生人中収大本蓮花胎生類耶、⑥唯依散心口称念仏滅重罪往生極楽乎、⑦九品往生倶有弥陀来迎乎」という7論題からなる。そのすべてがすでに『安養抄』『浄土厳飾抄』に扱われた問題である。

浄土教の義科集は、寺社や公家を含む権門の要請に応えた書と見てよかろう。院政期の世情を反映した文献である。後世の天台義科に大きな影響を与えた浄土教の義科集が、この時代に相次いで成立したことは注目に値する。

■天台本覚思想と浄土教

11〜12世紀、天台宗では『観心略要集』『真如観』『妙行心要集』等、天台本覚思想の影響を受けた浄土教典籍が出現する。天台本覚思想とは、平安末頃より天台宗で高揚し、やがて日本文化の諸方面に多大の影響を与える、徹底した現実肯定思想を指す。現実世界をそのまま仏の世界、凡夫をそのまま仏と見なし、修行の必要性さえも否定するような傾向を持つ思想である。

『観心略要集』は、古来源信の作と見られてきたが、真偽が疑われ、近年では11世紀の成立とする説が有力である。天台本覚思想を基盤としていることは、「本覚真如の理」と、凡夫の一念の心性にそなわる三身の万徳とを同一視し、その根拠をいわゆる「本覚讃」に求めていることからも明らかである。「本覚讃」は、安然が『蓮華三昧経』の文として引用してよりしばしば依用される、次のような偈文である。

本覚心法身に帰命す　　　　　常に妙法心蓮台に住す
　　　本来三身の徳を具足し　　　　三十七尊、心城に住す
　　　普門塵数の諸三昧　　　　　　因果を遠離して法然として具す
　　　無辺の徳海、本より円満す　　還って我、心の諸仏を頂礼す
　　　　　　　　　　　　　　　　　　　　　（『恵心僧都全集』１,p.291）

　『蓮華三昧経』は不空訳と伝わるが、実は日本で成立したものとされる。『観心略要集』はこの偈文を依用して凡聖の一如を主張するのである。
　『観心略要集』には、「念仏に寄せて観心を明かす」章が設けられ、そこに「念仏」の意義について次のような記述がある。

　　　仏の名を念ずとは、その意いかん。謂く阿弥陀の三字において、空仮中の三諦を観ずべきなり。彼の阿とはすなはち空、弥とはすなはち仮、陀とはすなはち中なり。その自性清浄の心は凡聖に隔てなく、因果に改まらず。
　　　　　　　　　　　　　　　　　　　　　（『恵心僧都全集』１,p.277）

　阿弥陀の「阿」に空、「弥」に仮、「陀」に中をあて、名号と三諦の合一を説く、古来「阿弥陀三諦説」と呼ばれる教説である。そこには称名念仏に観心の意義を付加させて、凡夫の心をそのまま仏の理法と見てゆこうとする意図がうかがわれる。また、「空仮中を弁じて執を蕩す」章には、次のような記述が見える。

　　　我身すなはち弥陀、弥陀すなはち我身なれば、娑婆すなはち極楽、極楽すなはち娑婆なり。譬へば因陀羅網の互ひにあひ影現するがごとし。ゆゑに遙かに十万億の国土を過ぎて、安養の浄刹を求むべからず。一念の妄心を翻して法性の理を思へば、己心に仏心を見、己心に浄土を見ん。
　　　　　　　　　　　　　　　　　　　　　（『恵心僧都全集』１,p.288）

　仮諦即法界の立場に重点を置いて、「唯心の弥陀・己心の浄土」を説くところに『観心略要集』の特徴を捉えることができよう。

同様の見解が、11世紀末〜12世紀の成立とされる『真如観』『妙行心要集』にも見える。

『真如観』は冒頭に、「疾く仏に成らんと思ひ、必ず極楽に生まれんと思はば、我心即真如の理なりと思ふべし」と言うように、我心即真如の理を知ることによって、即身成仏あるいは現身往生を目指す観法を説く書である。我即真如、我即弥陀と思う一念の観心によって即身成仏すると言い、また、真如観を修する者が、兼ねて口に弥陀の宝号を唱えるならば、弥陀諸菩薩が我が身中に坐すがゆえに、此土にありながら極楽に往生することができると述べている。

『妙行心要集』には、次のような記述が見える。

> 我心の外に、十万億土を去りて、安養刹・弥陀・諸賢聖あるにあらず。また彼仏の心の外に、東方爾所を隔てて、娑婆界我等一切衆あるにあらず。ゆゑに知んぬ、極楽水鳥樹林、依正荘厳、我が心に円かに備はる。釈迦如来の久遠の寿命、弥陀如来の無量の寿命、ただ我心の刹那の中にあり。
> （『恵心僧都全集』2 ,p.258）

やはり弥陀・極楽を、己心中に本来円備するものと見る。加えて称名念仏に関して、次のような見解が示されている。

> また己心中に、法界の生仏、一切の依正、みな具足するがゆゑに、我今弥陀仏号を称すれば、一切衆生も同音に念仏す。一々の音声は十方界に遍く、称名の功徳は三世際に薫ず。自他三世一切の罪業は、反って清浄を成し、遍に仏事を作す。願はくはこの一切衆生とともに極楽に生まれ、同時に成仏せん。一切の諸仏もまた弥陀を称し、我と同じく唱ふ。高声助音、一切の色塵は、一々に音を出して同じく弥陀を唱ふ。（『恵心僧都全集』2 ,p.407）

己心中に諸仏とその浄土が具足するから、称名念仏すれば、それが一切衆生・一切諸仏・一切色塵と同音の念仏となると言う。上の二書と同様、称名念仏を高く評価しようとする意図が見受けられよう。

■良忍と融通念仏

　良忍(1073〜1132)は尾張国の出身、若くして比叡山に上り、良賀等に師事した。檀那院実報房に住し、東塔常行堂の堂僧を務めるとともに、一千日の無動寺詣りや焚身供養等の荒行を修した。はじめは良仁と名乗っていたらしい。30歳を過ぎて大原に隠棲し、天台声明の諸流を総合統一して後世に伝え、また融通念仏を修して往生極楽を期したと言われる。円成の相承者としても重要な役割を果たした。近年、『出家作法』『略布薩次第』が良忍の著作として紹介されている。伝記は12世紀半ばまでには成立したと目される『後拾遺往生伝』『三外往生記』に見え、ことに『三外往生記』には次のような記述がある。

　　大原律師覚厳の夢に、(良忍)上人来たり告げて云く、我、本意に過ぎて
　　上品上生にあるは、これ融通念仏の力なり、と。　　(『仏全』107, p.145a)

　良忍が融通念仏を修したことは、没後十数年以内の資料に見えるのである。ただしその内容を伝える資料は13世紀以降のものばかりである。阿弥陀仏の啓示等の逸話が付加され、融通念仏宗の宗祖としての良忍像が形成されるのは、鎌倉中期以降のことである。

　13世紀半ばに著された『古今著聞集』によると、良忍46歳の夏、夢に阿弥陀仏が現れ、「一人の行をもって衆人の行となす」という「円融念仏」を勧めたという。それが鎌倉末の『融通念仏縁起』では、「融通念仏は、一人の行をもって衆人の行とし、衆人の行をもって一人の行とする」という記述に変わっている。

　さらに江戸時代、幕府の裁許を得て融通念仏宗の流通に努めた大通融観(1649〜1716)の『融通円門章』では、次のような文言に修正されている。

　　一人一切人、一切人一人、一行一切行、一切行一行、これを他力往生と名
　　づく。十界一念の融通念仏は、億百満遍の功徳円満す。
　　　　　　　　　　　　　　　　　　　　　　(『大正蔵』84, p.4a〜5b)

　一と一切との相即という考え方は、天台円教の教理に則したものであり、

「妙行とは一行一切行なり」(『摩訶止観』巻3下) 等の記述が、天台宗の典籍には散見する。融通念仏の特徴は、その理論を称名念仏の行と、それを称える行者の功徳とに適用したことろに認めることができる。

そのような見解の出拠として、『自行念仏問答』の次のような記述を挙げることができる。

> 問ふ。もししからば余仏には来迎引接の願なきや。答ふ。これに三義あり。一には、円教の意は、一仏一切仏、一切仏一仏なり。一行一切行、一切行一行なり。一願一切願、一切願一願なり。ゆゑに弥陀一仏の願は一切仏の願なり。……　　　　　　　　　　　　　　　　　(『恵心僧都全集』1, p.549)

『自行念仏問答』は12世紀の成立と見られ、天台本覚思想の影響下に著された浄土教典籍の一つである。ここでは来迎引接に関して、阿弥陀仏の願と余仏の願との相即が論ぜられているのであるが、前節に触れた『妙行心要集』には、「我今弥陀仏号を称すれば、一切衆生も同音に念仏す。一々の音声は十方界に遍く、称名の功徳は三世際に薫ず」とあり、そこには称名念仏に関する同様の主張を読みとることができる。また同時期の成立とされる『決定往生縁起』には、臨終十念の称名念仏について次のような見解が示されている。

> そもそもこの念仏の数返十念なりといへども、十念の中に無量無数の念仏あり。十界さらに互に具するがゆゑに百返を成ず。百界に各十如あり。ゆゑに千返を成ず。五陰世間・国土世間・衆生世間のゆゑに三千返を成ず。三千世間に各無量数あるがゆゑに、無数の念仏を成ず。十念なほ往生業と成るがごとし。況んや無量無数の念仏をや。　(『恵心僧都全集』1, p.584)

一念三千の理論を用いて、十念に無量無数の念仏の功徳が備わることを主張しているのである。これらの記述が融通念仏の教理的根拠となったのであろう。

融通念仏の思想は、院政期の天台宗に端を発する、称名念仏に高い価値を付与しようとする一連の動きの中で形成されたものと考えられるのである。

（3）南都・真言諸学派の動向

■永観

　永観（1033〜1111）は、東山禅林寺深観の弟子として12歳で受戒、東大寺東南院に入り、有慶に師事して三論を学び、唯識・因明等にも通じた。14歳で東大寺方広会の堅義をつとめて頭角を現し、20歳の時には興福寺維摩会の堅義をつとめた。天喜5年（1057）、抜擢されて平等院の番論義に参仕するが、そこで源師房の知遇を得、以後その外護を受けることになる。その後も各種法会に参列して学僧としての地位を固めてゆく一方、18歳の頃から1日1万遍の日課念仏を始めたという。生来病弱であったらしく、32歳の時、病気を理由に公務を退いて光明山寺に蟄居している。約8年の後に病癒えて禅林寺に帰住、寺内に東南院と称する草庵をむすび、念仏三昧を中心とする生活を始めた。延久4年（1072）のことである。

　『往生講式』が著されたのはその7年後、承暦3年（1079）のこととされる。毎月15日に勤修する「往生講」の法式を定めた書である。そこには、結衆が各自臨終来迎を期して菩提心を発し、一心に念仏すべきことが説かれていて、永観を中心に往生極楽を目指す道俗の集団が形成されていたことがわかる。永観は、生活困窮者の救護や病人の介護にも取り組んでおり、禅林寺の境内の梅の木は「悲田の梅」と呼ばれていたという。承徳元年（1097）、永観は東山薬王寺に丈六の阿弥陀仏像を造立する。そこには温室が併設されていたようである。往生講の結衆をはじめとする近隣の道俗の、臨終を看取るための施設、臨終行儀の道場として機能していたことがうかがわれる。永観は晩年、東山で迎講を修している。没年に至るまで毎年勤修されたようである。往生講も亡くなる直前まで継続されている。ことに永観自身の臨終にあたっては、臨終勤行として修されたようである。『往生講式』にしたがって勤行が進み、第4念仏往生の段にさしかかると、講衆が口々に「来迎讃」を唱えて永観を見送ったことが伝えられている。このように永観は生涯、民衆の教化に力を注いだ。上の事例を見る限り、臨終来迎信仰が常に意識されていることがわかる。当時の思潮、民衆の要望を反映するものと言えよう。

　禅林寺帰住の後は、民衆教化に乗り出すとともに、公務にも復帰したようで、

承暦元年（1077）の慈恩会に勤仕したのをはじめ、いくつかの法会に出仕している。また白河院の帰依を受けて法勝寺の供僧に任ぜられている。ちなみに承暦元年2月には、外護者の源師房が亡くなっている。永観は、師房の長男俊房とともに葬儀・納骨を主導していて、師房没後も村上源氏との関係が続いていることがわかる。加えて関白藤原師実のはからいで法成寺の供僧にも列せられたという。白河院・村上源氏・藤原摂関家という当時の三大勢力が、永観の後ろ盾となっていたのである。

　寛治5年（1091）には関白師実の一切経御読経の法会に引き続き、法成寺の法華八講に出仕している。そして承徳3年（1099）には最勝会の講師をつとめて権律師に補される。翌日には辞退したようであるが、「前律師」の肩書きのまま、康和2年（1100）5月、東大寺別当に就任する。永観は、寺内堂舎の修造、法会の充実、学生の養成に尽力して、「能治永観」と絶讃されるほどの業績をあげ、康和4年（1102）の年末、任期半ばにして辞職する。辞職の後、永観は禅林寺に帰って別所生活をしていたようである。念仏三昧と民衆教化とに情熱をそそぎつつ、天永2年（1111）11月2日未明、79歳の生涯を閉じた。

　主著『往生拾因』が著されたのは康和5年（1103）のこととされている。自身の念仏実践の体系を確立し、あわせて講社の仲間たちを極楽へと導く目的で著されたものと言える。その教理的特徴を概観しておきたい。

　『往生拾因』は、一心に阿弥陀仏を称念する一行が、往生極楽の因となる理由を10項目にわたって論じた書である。その概要は次のとおりである。

　　①広大善根の故…『阿弥陀経』『西方要決』等の教説を用いて、弥陀の名
　　　号には一切の万行万徳がまどかに備わっていることを主張し、それ
　　　ゆえひとたび南無阿弥陀仏と称えれば広大無尽の善根が成就すると
　　　言う。一念でさえ無限の功徳があるのだから、一生不退の念仏はな
　　　おさらであると言って、念仏の相続を勧める。
　　②衆罪消滅の故…『観無量寿経』下品中生の教説や、『論註』の三在釈等
　　　を用いて、仏名を称すれば五逆の罪をも滅し、来迎が得られること
　　　を言う。
　　③宿縁深厚の故…『観無量寿経』『十疑論』『安楽集』等を用いて、阿弥陀

　　　　仏はこの娑婆世界と特に縁が深いことを主張する。

④光明摂取の故…『観無量寿経』等によって、弥陀眉間の白毫より発する光には、念仏の衆生をおさめとって捨てないというはたらきがあることを言う。それゆえ、心を阿弥陀仏の白毫にかけて専ら称名せよと言う。

⑤聖衆護持の故…『十往生経』『請観音経』等によって、一心に念仏する者は、常に仏・菩薩に護持されているから、往生は疑いないと言う。

⑥極楽化主の故…『安楽集』等の説によって、我らは極楽にことに便宜を得ていると言う。

⑦三業相応の故…口業の称名は、身口意の三業を具足するものであり、専念を得るためには、声を発することが重要であると言う。

⑧三昧発得の故…往生浄土の行業は一心を肝要とするが、その一心とは、等持（三昧）すなわち心をひとつの対象に専注させた状態をたもつことである。善導に倣い口称三昧の発得を目指して、念仏の一行を唯願唯行せよと言う。

⑨法身同体の故…諸法は無自性であるから、仏と衆生とは本来同体無異である。自身は法身と同体と観じ、みだりに己を軽んじて疑惑を生じてはならないと言う。

⑩随順本願の故…仏の悲願を思って至心に称念せよ。不至心の者は本願に順ぜざるがゆえに往生はできない。本願に乗ずれば、臨終の十念で往生がかなう。五逆の罪人が臨終十念によって滅罪往生できるのは、十念往生を誓った本願の勝縁力による。往生の可否は臨終の瞬間にかかっていると言い、臨終行者が「一心」を成就できるよう、看病人に種々協力の方法を指示している。

　永観が目指したのは「一心」の成就であり、称名念仏の一行によって「一心」すなわち三昧を発得できるという主張をもって『往生拾因』の特徴と見ることができる。永観が一心を重視するのは、往生のためには臨終正念の現前が不可欠だと考えていたからである。臨終正念に達すれば聖衆が来迎する。それは『往生要集』の流布によって定着した、時代の思潮とも言うべき考え方で

あった。院政期の貴族たちは、臨終正念の現前を目指して臨終行儀にいそしむのである。永観の思想は、時代の要請に応えるものと言えよう。

『往生拾因』のもうひとつの特徴は、自ら罪悪生死の凡夫と自覚する者を受法の機類としていることである。その中には永観自身も含まれていることだろう。『往生拾因』は、そのような者に対して、一心称名の一行によって往生が可能であることの根拠を示し、その実践の体系を説いた書であると言える。三昧の発得を目指す称名念仏は、たんなる凡夫行・劣行としての称名ではない。凡夫初心の者を育てて、やがて迎えるべき臨終に正念を現前させるための念仏実践の理論体系を組織したところに、『往生拾因』の価値が認められるのである。

■珍海

珍海（1092?〜1152）は、藤原魚名の末裔で、父の基光は従五位上内匠頭で絵師だったという。伝記資料が乏しく、東大寺東南院の覚樹に師事したこと、三会の講師をつとめたこと、醍醐寺でも活躍したことが知られる程度である。ただし多くの著述が伝わっており、『三論玄疏文義要』10巻、『大乗玄問答』12巻、『三論名数抄』15巻、『一乗義私記』1巻、『大乗正観略私記』1巻、『八識義章研習抄』3巻、『決定往生集』1巻（或は2巻）、『安養知足相対抄』1巻、『因明大疏四種相違抄』1巻、『倶舎論明眼抄』6巻、『菩提心集』2巻の11部が現存、ほかに目録類の記載によって『浄土義私記』『悉壇抄』『賢聖義短冊』『法華経問答』等の存在が知られる。三論教学に関する著述が中心であるが、因明・唯識・浄土にも明るかったことがわかる。浄土教に関説するのは『決定往生集』『安養知足相対抄』『菩提心集』の3部であるが、浄土教教理の大綱を示したのは『決定往生集』である。

『決定往生集』は、世俗の凡夫が念仏によって臨終正念に達し、聖衆来迎にあずかり、極楽に往生してゆくことを決定づけるための理論を示した書である。やはり当時の思潮を反映して「臨終正念」に達するための「念仏」の教理を論じている。所被の機を「世俗の凡夫」とする立場は永観にも見えたが、珍海は特にこの点を強調している。

珍海は、信心決定の時に往生が決定すると言い、その決定信心の内容として、

「果・因・縁」の三決定を挙げる。果とは浄土の果報、因とは往生の因行、縁とは阿弥陀仏の増上縁を指す。さらに「果」を①依報決定・②正果決定・③昇道決定の三決定に開き、「因」を④種子決定・⑤修因決定・⑥除障決定の三に、そして「縁」を⑦事縁決定・⑧弘誓決定・⑨摂取決定の三に開き、最後に「総」として⑩円満決定を加えて10門とし、十種決定信心の相を解説してゆく。10門の概略は次のとおりである。

①依報決定…極楽は清浄世界であるが、麁浅の事浄土であり、しかも阿弥陀仏の願力に支えられているから、世俗の凡夫が浄業を修して往生できるところである。

②正果決定…極楽には疑城胎宮や懈慢界等も用意されている。それらは辺地といえども極楽の域内である。よって信心未熟の世俗の凡夫もたやすく往生することができる。

③昇道決定…極楽は不退の浄土であるから、此土において往生決定の時に成仏が確定する。これは外凡具縛常没の世俗の凡夫にもあてはまることである。

④種子決定…中道仏性が成仏の正因である。よって我らは等しく作仏の理・往生の理を備えている。しかも念仏の行者には宿善があるから必ず往生できる。

⑤修因決定…あらゆる善業が往生の因となるが、特に発菩提心は必須であり、往生の正因である。菩提心には浅深があるが、往生の正因となるのは厭穢欣浄の願生心であり、それは十信以前の常没の凡夫にも発すことができる。浄土を求めて弥陀を念ずること、すなわち念仏こそが発菩提心である。また往生の正業は、善導の言う五正行であり、なかでも称名念仏は正中の正である。念仏の実践には種々の方法があるが、称名念仏の利益はことに勝れ、一念・十念さえも往生の因となる。

⑥除障決定…念仏には滅罪・除災・護念のはたらきがあるから、逆謗闡提も念仏によって往生が可能である。また、念仏には見仏の障を除くはたらきがあるから、往生の障を滅尽できない未熟者も、念仏す

れば仏の来迎にあずかることができる。
⑦事縁決定…娑婆と極楽とは境次相接しており、娑婆の衆生は阿弥陀仏との縁がことに深い。よって浄業の成就にさまざまな便宜がはかられていて、往生しやすい。
⑧弘誓決定…第18願力によって衆生の往生は決定している。よって下劣の凡夫も、信をもって仏の名号を称念すれば、願船に乗じて生死を越えることができる。善根薄少の凡夫も、仏の悲願を恃んでその来迎を待て。
⑨摂取決定…阿弥陀仏は光明を放って念仏衆生を摂取し、また化身を現じて擁護するから、念仏行者は、自力羸劣の具縛の凡夫といえども、仏の威神力によって易く往生できる。
⑩円満決定…念仏の一行には一切の善行が具足する。よって念仏行者は内に諸善を備え、外からは聖衆に護られて、往生が決定しているのである。

　以上十決定は信心の内容として示されたものである。ここに列挙された念仏往生の教説を信受せよと言う。そうすることによって往生極楽の果・因・縁が成就し、いかなる凡夫の上にも往生が決定するのである。
　珍海は、古来往生の正因として議論されてきた「発菩提心」の義をさらに掘り下げて、十信以前の常没の凡夫が発す厭穢欣浄の願生心が、往生極楽の正因となる菩提心であると言い、また浄土を求めて阿弥陀仏を念ずる「念仏」がそのまま菩提心であると主張する。「念仏」についても種々の議論を重ね、十声の称名念仏が成就すれば往生極楽が決定するということを立証する。さらには世間の風潮に警鐘を打ち鳴らすように、臨終正念の獲得に汲々とするあまり、かえって空しく人生を過ごすようなことがあってはならないと説き、現生十念の成就を目指して平生より念仏に励むことを勧めているのである。

■実範

　中ノ川実範（1089?～1144）は京都の出身、参議藤原顕実の子であるという。若くして興福寺に入って法相を学び、後に醍醐寺の厳覚、高野山の教真より

真言を、比叡山横川の明賢から天台を学んだ。天永3年（1112）頃、興福寺を出て忍辱山に隠遁、次いで中ノ川に移って成身院を建立し、以後30年にわたってその運営に当たった。実範は、法相・真言・天台3宗の研究に加えて、南都の戒律復興にも尽力したが、その思想は真言を基軸とし、後には中ノ川流の祖と仰がれる。晩年は光明山に入り、往生極楽を願いつつ没したという。関白藤原忠実との関係が深く、長承3年（1134）に北方師子が出家する際に戒師を務めた。保延6年（1140）には忠実自身が平等院において出家するが、この時の戒師も実範であった。また忠実の二男頼長が実範に帰依し親しく交際しており、実範は自分が安養を願っていることを頼長に告げたという。

　浄土教関連の著述としては、『観自在王三摩地』『病中修行記』が現存する。ほかに佐藤哲英氏は、龍谷大学蔵『念仏式』を翻刻紹介し、それが『長西録』に実範の著として載録された『往生論五念門行式』に当たると主張する（佐藤哲英『念仏式の研究―中ノ川実範の生涯とその浄土教―』百華苑, 1972年）。『念仏式』は、『往生要集』と同じく「念仏」の実践を五念門の枠組みで示し、往生極楽の修行を組織した書である。全体的には『往生要集』の立場を継承したものと言えるが、観察門の中には独自の観法を提示し、加えて称名念仏の意義を説く等の記述がある。これを実範の著述と見る佐藤氏の説は、多くの学者に支持されているが、決め手に欠けると言うべきである。ここでは確実に実範の著述であることが判明している『観自在王三摩地』『病中修行記』の概要を示しておきたい。

　『観自在王三摩地』は、不空訳『無量寿儀軌』に説かれる「観自在菩薩三摩地」の文を釈したもので、無量寿仏を本尊として、我心中に捉えた観自在菩薩と自身とを一体と観ずる観念の法が示されている。註釈にあたっては不空訳『理趣釈』の説を多用している。特筆すべきは、本尊無量寿仏の出体・釈名・化相を説く中に見える、「大日如来の一徳、浄妙国土に仏身を現じて無量寿如来となる。雑染世界に因形に住して観自在菩薩となる」という記述であり、ここには大日・阿弥陀・観音を一体と見る見解が示されている。真言教学に立脚した阿弥陀仏観が提示されているのである。加えて穢土の善知識としての観自在菩薩の役割に言及して、「観自在の身、すでに穢界に住して、我らがために近善知識となるがゆえに、先づその三摩地に入り、穢より浄に向かひ、因より

果に至る」と述べる等、凡夫救済の理論が用意されている点も注目に値する。

『病中修行記』は、奥書によって長承3年(1134)の著述であることがわかっている。臨終間近の行者を対象として、往生極楽のための修行法を示した書で、実範が自身の臨終に備えて著したものと言える。自ら臨終の近いことを確信した時には、仏道修行に専念し、臨終に際しては不動明王を念じてその守護を憑（たの）み、已発（いほつ）の惑業（わくごう）を除き、未起（みき）の諸悪を防止しつつ、阿弥陀の四種法身・四種曼荼羅を念じ、三密加持の中で悉地（しっち）を得よと説くのである。

ことに四種法身の依正を念ずることを勧めるにあたっては、『観無量寿経』の第九観に説かれる「六十万億那由他恒河沙由旬」の阿弥陀仏身が、自性身・自受用身・他受用身・変化身の四種法身の徳を具有し、それは同時にそのまま我心であると言い、我心に即する彼仏を念じ、我心に即する彼土に生まれよと述べている。また四種曼荼羅の相を念ずることを勧めるところでは、『観無量寿経』第九観に説く弥陀眉間（みけん）の白毫（びゃくごう）相が、四身一体の眉間にある 𑖮 (吽 hūm) 字の変じたものであり、それは大曼荼羅・三昧耶曼荼羅・法曼荼羅・羯磨（かつま）曼荼羅の四種曼荼羅を具足しているから、我心本尊の白毫を念ずればよいと言う。次いで三密加持の念仏を説いて、次のように述べている。

> まさに本尊の根本の印を結び、本尊の根本の明を誦し、心にその明の字義を観ずべし。その明の体を謂はば、阿字は空・有・不生の三義なり。まさに三義一体なりと観ずるを名づけて本尊の法身となす。本尊の法身はすなはちこれ我が心なり。我が心はすなはちこれ三義一体なり。すなはちこれ不思議の空なるがゆゑに、所作の罪障（ざいしょう）、説のごとく除滅（じょめつ）す。すなはちこれ不思議の有なるがゆゑに、所求の浄土、願のごとく成就す。不生と言ひつものはすなはちこれ中道なり。中道をもってのゆゑに罪障浄土の定相（じょうそう）あることなし。定相なきがゆゑに所行（しょぎょう）理に順ず。所行理に順ずるがゆゑに最上の悉地（しっち）遂に成就を得と。　　（『真言宗安心全書』下, p.784)

本尊の根本の印を結び、明を誦し、明の字義を観ずる行者の三業が、本尊の三業と相即するゆゑに、三密加持の念仏となると言う。ここに実範は、本尊根本の明すなわち真言の体を「阿」字とし、そこには「空・有・不生」の三義が

備わると言う。三義一体の本尊の法身と、我心とが相即すると観ずることによって、行者の罪障は除滅し、所求の浄土が成就し、最上の悉地が成就するのである。

加えて実範は、この修行の余暇として、あるいは機根の贏劣なる場合を想定して、「阿弥陀」の三字を真言とする立場での実践を示している。身に慇重の儀をなし、口に本尊の名を称し、心に尊号の義趣を念ずることを三密行とし、その義趣を「阿弥陀」の三字に求めて、甘露の義と言い、あるいは「阿」を不生・中道、「弥」を吾我・自在、「陀」を如々・解脱の義とし、三字の功徳によって悉地成就すると説くのである。

「阿弥陀」三字の字義を論ずる点は、天台宗典籍に見える阿弥陀三諦説の影響であろう。実範は、真言教学に立脚して、独自の三字義を提示しているのであるが、そこには院政期の浄土教典籍に共通の意図を見出すことができる。「阿弥陀」の三字の義趣を念じつつ、身を正して、仏号を称える称名念仏に、三密行の意義を認めることによって、下根の凡夫にも修することのできる往生行を提示したと言えるのである。

実範は、時代の要請に応えるべく、真言教学の立場から、凡夫の救済を視野に入れた浄土教教理の構築を目指したのである。

■覚鑁

覚鑁（1095〜1143）は肥前国（佐賀県）藤津庄の出身、父は総追捕使伊佐平次兼元と伝わる。13歳の時、仁和寺成就院の寛助に入室、定尊に師事して密教を学ぶとともに、南都に遊学して法相・華厳・三論を学んだ。永久2年（1114）には初めて高野山に上り、阿波上人青蓮、隠岐上人明寂、西谷中別所長智等の念仏聖と交わるようになる。保安2年（1121）には寛助より広沢流の伝法灌頂を受け、加えて醍醐寺理性院の賢覚より小野流の灌頂を受けたという。やがて鳥羽上皇の帰依を得、その外護のもと長承元年（1132）、高野山上に大伝法院を建立、伝法会を復興して教学研究の拠点とした。長承3年（1134）には金剛峯寺座主となるが、大衆の抵抗にあい、また東寺からも反対された。覚鑁は私坊密厳院に籠居して無言行を続けたが、状勢は改善せず、保延6年（1140）、遂に高野山を下りて根来に移り、そこが終焉の地となる。

9．院政期の浄土教　127

　多くの著述が伝わるが、ここでは『阿弥陀秘釈』『五輪九字明秘密釈』『一期大要秘密集』によって、覚鑁の浄土教に対する見解を概観したい。
　『阿弥陀秘釈』は成立年代未詳ながら、根来移住前後のものと考えられている。冒頭に、阿弥陀仏は自性法身観察智の体、一切衆生覚了の通依であると言い、自ら一心を証すれば、この心と仏とは本来一体であるから、即身成仏すると説く。覚鑁の言う「即身成仏」とは、現身に妙覚を証して大日如来となった自心が密厳浄土に住することを意味する。よって己心の外に仏身を説き、穢土の外に浄刹を示すような教説は、深著の凡愚、極悪の衆生のために用意されたものであると言う。覚鑁は、順次生に往生極楽を目指す浄土教を、低劣なる法門と評価しているのである。その一方で、阿弥陀の三字を唱えれば無始の重罪を滅し、阿弥陀一仏を念ずれば無終の福智を成ずると言い、また阿弥陀の三字の字義について、阿は本初不生、弥は無我大我、陀は如如寂静等々の釈を展開するなど、称名念仏を評価するような記述も見える。
　『五輪九字明秘密釈』は覚鑁の主著で、保延7年（1141）以降の成立とされる。五輪すなわち大日如来の五字真言 अ व र ह ख（a, va, ra, ha, kha）と、九字すなわち阿弥陀如来の九字真言 ॐ अ मृ त ते से ह र हूं（oṃ, a, mṛ, ta, te, se, ha, ra, hūṃ）の意義を説いた書で、「択法権実同趣門・正入秘密真言門・所獲功徳無比門・所作自成密行門・纂修一行成多門・上品上生現証門・覚知魔事対治門・即身成仏真行門・所化機人差別門・発起問答決疑門」の10章よりなる。序文に全体の大意を次のように述べている。

　　ひそかにおもんみれば、二七の曼荼羅は大日帝王の内証、弥陀世尊の肝心、現生大覚の普門、順次往生の一道なり。ゆゑはいかんとなれば、わずかに見わずかに聞くの類は、見仏聞法をこの生に遂げ、一観一念の流は、離苦得楽を即身に果たす。況んやまた信根清浄にして懇懃に修行するをや。これすなはち大日如来の覚位は、証得を反掌に取り、弥陀善逝の浄土は、往生を称名に期す。称名の善なほかくのごとし。観実の功徳あに虚しからんや。顕教には釈尊の外に弥陀あり。密蔵には大日すなはち弥陀極楽の教主なり。まさに知るべし、十方浄土はみなこれ一仏の化土、一切如来は悉くこれ大日なり。毘盧弥陀は同体の異名、極楽密厳は名異にして一処なり。

妙観察智神力加持をもって大日の体の上に弥陀の相を現す。おおよそかくのごときの観を得れば、上は諸仏菩薩賢聖を尽し、下は世天龍鬼八部に至るまで、大日如来の体にあらざることなし。五輪門を開いて自性法身を顕し、九字門を立てて受用報身を標す。すでに知んぬ、二仏平等なりと。あにつひに賢聖差別あらんや。安養都率は同仏の遊処、密厳華蔵は一心の蓮台なり。惜しいかな古賢の難易を西上に諍ふこと、悦ばしきかな今愚の往生を当処に得ること。重ねて秘釈を述ぶる意ただここにあり。往生の難処は有執のしからしむるのみ。　　　　　　　　　（『大正蔵』79, p. 11a～b）

　五輪・九字の曼荼羅は、大日如来の内証、阿弥陀如来の肝心であるから、これによって現生成仏も順次往生も可能である。称名念仏によってさえ極楽への往生ができるのであるから、実相観念の功徳はさらに大きいと言う。顕教では諸仏別々であるが、密教では一切如来はみな大日であるから、大日と阿弥陀とは一体であり、極楽・密厳・華蔵・都率は一処である。よって極楽への往生とは、遥か彼方の浄土を目指すことではなく、現身に密厳浄土に住することにほかならないと言うのである。ここには覚鑁の独特の往生観が示されている。その真意をうかがうべく、往生の機類に関する議論を見てみたい。
　『五輪九字明秘密釈』の第9章「所化機人差別門」に、所化の機類を現身往生と順次往生とに分け、現身往生を大機と小機とに開き、さらにそれぞれを利と鈍とに分けている。ここに言う現身往生とは、即身成仏のことであり、現身に妙覚を証し密厳浄土に住することを意味する。その機類を4種に開くのである。大機利根は法界体性三昧に入ってただちに法界を証し、大機鈍根は竪に五輪の種子を観じて法界体性三昧に入る。小機利根は心数の尊を本尊として三密行を修し、やがて心王の毘盧遮那の三昧に入る者であり、小機鈍根も同じく心数の尊を本尊として三密行を修するのであるが、利根がただちに本尊の三昧を獲得するのに対し、鈍根は十六菩薩の階位を経歴して竪に本尊の三昧を獲得すると言う。利鈍の差はあるが、四者とも即身成仏の機である。
　次いで順次往生の機については、第10章「発起問答決疑門」に論じている。五輪門の機に二種あり、上根上智は即身成仏、但信行浅は順次往生を期する。その順次往生の機も、多くは密厳浄土に往生するが、なかには十方浄土への往

生を期する者もあると言う。五輪門は万教の総体であり、諸仏に通ずる法門であるから、十方浄土のいずれにも思いのままに往生できるのである。同じように、阿弥陀如来に帰依する九字門の行者も、真言門に入ればすべての言語はみな真言であるから、「南無阿弥陀仏」の名号にも甚深の功徳があると言う。

また第6章「上品上生現証門」には、真言行者の往生極楽に関する諸問題を論じている。初めに往生の親因として四種回向を挙げる。第1に、慈・悲・喜・捨の四無量の真言を誦する功徳をもって一切衆生と共に、普賢・虚空蔵・観自在・虚空庫の四大菩薩の三昧に等同ならしめんとして至心発願深信回向し、第2に、仏法の興隆を願って至心発願深信回向し、第3に、一切衆生の成仏を願って至心発願深信回向し、第4に、一切衆生が臨終正念に住し極楽に往生することを願って至心発願深信回向する。ことに臨終正念の獲得のためには、五輪・九字の真言、臨終の四印明たる金剛合掌・金剛縛・開心・入智とを結誦し、志を極楽に集中して断末摩を待てと言う。これが真言行者のための往生の秘事であり、これによって多くは上品上生の往生を遂げられると言うのである。加えて三帰・五戒・六行・四禅・十善・無我観・四諦観・十二因縁観等もすべて往生の業であり、護法・戒賢・龍樹・提婆・南岳・天台・法蔵・澄観等はみな往生人である。実慧・真然は先ず極楽に往生し、後に兜率天に趣いた。さらには雑学の者でも、その善根を回向すれば懈慢国への往生は可能であり、自らの善根に自信を持てず疑惑心を生ずるような者でも、その善根を極楽に回向すれば辺地への往生は可能である。それらの者も、やがては真実の極楽へと往生してゆくと言う。ここには順次生の往生が示されていると見るべきであろう。

『五輪九字明秘密釈』の中心課題は、密厳浄土への現身往生の法を説くことであったと言える。加えて劣機のために順次往生の法門を用意するが、そこでも第一目標は密厳往生である。密厳浄土に住すれば、十方浄土への往還は自在であるから、ことさらに極楽を目指す必要はないということになろう。しかるに覚鑁は、別して往生極楽の法門を取り上げて論じている。それは臨終来迎信仰の隆盛という社会状況を踏まえたからであろう。特に順次往生の中に示された往生極楽の教説には、上品上生の往生に加え、懈慢国や辺地への往生をも含めている。具縛の凡夫を救済するための教えとして、浄土教を真言教学の中に位置づけたものと言えるのである。

もう一つの著述『一期大要秘密集』は、12世紀後期成立の仏厳『十念極楽易往集』に収められた「一期大要臨終門」の記述にほぼ一致することから、仏厳の作とする学者もあるが、仏厳は『十念極楽易往集』の編集者であり、その中に覚鑁の著述を収載したという見解が有力である。実範の『病中修行記』を参照していることにより、長承3年（1134）以降の成立とされる。「可惜身命用心門・不惜身命用心門・移本住処用心門・奉請本尊用心門・懺悔業障用心門・発菩提心用心門・観念極楽用心門・決定往生用心門・没後追修用心門」の九段よりなり、命終が近づいたら無常房に住処を移し、本尊の手に五色の幡をかけ、懺悔し、発菩提心の真言を誦し、極楽を観念して、決定往生の相を成就させる法を説き、最後に没後追善の方法を示している。

　「観念極楽用心門」の中に、真言宗では、弥陀は大日の智用、大日は弥陀の理体であり、密厳は極楽の総体、極楽は密厳の別徳であると言い、極楽は十方に遍満するから、観念すれば娑婆に居ながら極楽に往生することができると述べている。我が身が弥陀に入り、それがそのまま大日となって、大日から我が身が出る。それを即身成仏の妙観と言う。ここには弥陀即大日・極楽即密厳の見地から現身成仏の観念が説かれており、これこそが覚鑁の基本的立場であると言える。

　しかるに本書の主題はあくまでも極楽への順次往生を目標とする臨終の行儀を示すところにあり、その内容は次の「決定往生用心門」に詳述されている。臨終が迫ったら5人の善知識を招く。行者が頭北面西に臥して本尊を見、合掌して五色の幡を手に取り、本尊の印を結んで真言念仏して三密行を懈らなければ、決定往生の相であると言う。善知識は、共に称名念仏し、あるいは本尊の真言を唱えて行者を臨終正念へと導き、意識が混濁してきたら、行者の息に合わせて共に称名念仏する。唱え合わせることができれば、四重五逆の罪を消滅して、必ず極楽に往生することができる。「南無阿弥陀仏」の六字が行者の六根に作用してその罪を消し去るからであると言う。

　順次往生の法門が懈怠の小機を対象とすることは、覚鑁が一貫して言うところであり、また「決定往生用心門」の標題下には、「この用心もっとも大要なり。極悪の人も往生を得」と割注があって、この臨終行儀が、悪人のために用意されたものであることは明白である。それが覚鑁自身を想定しているのか否

かは即断できないが、本文中に、「我もしは念仏もしは本尊の真言を唱へん」「我に代りて我を助けよ」等、臨終の行者に「我」という一人称を用いていることから、あるいは本書は、覚鑁が自身のために著した臨終行儀であったとも考えられる。とするならば最晩年の覚鑁には、現身成仏の法門では救われ難いという自覚があったことになろう。

　院政期は、社会の全体に不安感が蔓延した時代であったと言える。その要因はさまざまであるが、ひとつには『往生要集』の流布を挙げることができよう。院政期の貴族たちが、競うように阿弥陀堂を建立し、来迎図を求め、臨終行儀にいそしんだのは、『往生要集』の流布によってもたらされた焦燥感の現れと言える。『往生要集』を指南として往生極楽を目指したところで、凡夫にはその修行を成就することは困難である。教理の理解を深めれば深めるほど、自身の救われ難さを実感したにちがいない。院政期の学僧たちには、その不安感を癒すような理論の構築が求められたのであろう。彼らが社会に提示した教理は、一様に凡夫の救済に主眼を置くものであった。

　その一例として、称名念仏に関する議論の隆盛を挙げることができる。概観してきたように、永観・珍海は、称名念仏の意義を説くことを中心課題とし、天台本覚思想の影響下に著された諸文献や、実範・覚鑁の著述中にも、称名重視の傾向は見られた。『往生要集』においてはさほど重視されなかった称名念仏を取り上げ、称名に備わる無量の功徳を説いて、凡夫救済のための教理を整備していったと言えるのである。

10. 法然とその門下

　インド以来、浄土教教理の研究は、大乗諸学派の教理研究の一環として行われてきた。教判論・機根論・実践論・得益論・仏身仏土論等の諸問題が、それぞれの研究者の属する学派の立場によって論ぜられてきたのである。法然以前の浄土教教理研究は、浄土教を大乗諸学派の教理体系の中に位置づけることを目的とするものであった。それに対して法然は、「浄土宗」という独自の学派を立てることによって、大乗諸学派の教理による束縛を離れる。法然の目的は、念仏一行の専修による善悪平等の救済の理論を構築することであった。それによって万人の救済を目指す大乗仏教の理念を究極まで追求しようとしたのである。法然は、浄土教教理研究の意味と方向とを転換した人物であると言えよう。以下本章では、法然とその門下の教学を概観してゆきたい。

（1）法然

■法然の生涯
　法然房源空（1133〜1212）は、美作国（岡山県）久米南条稲岡庄の出身、父は久米の押領使漆間時国、母は久米郡の豪族秦氏の娘だったという。
　9歳の時、父が稲岡庄の預所明石定明の夜襲にあって殺され、叔父に当たる菩提寺の観覚にかくまわれた。13歳で比叡山に上って西塔北谷の源光のもとに身を寄せ、15歳の時、功徳院の阿闍梨皇円（〜1169）の弟子となって受戒した。
　18歳の時、皇円のもとを離れて黒谷別所に遁世、慈眼房叡空（〜1179）に師事するようになる。その後、一時比叡山を離れて南都に遊学するが、再び黒谷

に帰ってからは経蔵に籠もって一切経を読破すること数度、ついに善導の『観経疏』散善義就行立信釈の文意に通達し、回心をとげたという。承安5年（1175）、法然43歳のことであった。やがて比叡山を下りて、西山の広谷、そして東山吉水へと移り住む。

文治2年（1186）、後に天台座主となる顕真の招きにより、大原別所勝林院において専修念仏の法門を講説した。いわゆる大原問答である。文治6年（1190）には、東大寺大勧進俊乗房重源の招きをうけて、

法然像（知恩院蔵）

再建工事中の東大寺で浄土三部経を講じている。このとき初めて選択本願念仏の思想が明らかに説かれ、浄土宗の開宗が宣言された。

建久9年（1198）、関白九条兼実の要請に応じて『選択本願念仏集』1巻が著される。師説を筆記したのは真観房感西・安楽房遵西・善恵房証空の3名だったと言われる。

その頃から、法然一門を弾圧しようとする動きが活発となり、元久元年（1204）の冬、比叡山の衆徒が、専修念仏の停止を座主に訴えた。法然は、延暦寺に背く意志のない旨の起請文を送り、門弟には七箇条の制誡を定めて行動を慎むよう誡めた。門弟たちも署名して制誡を守ることを誓ったので、一旦は事なきを得た。ところが翌元久2年10月、今度は南都興福寺の衆徒が、朝廷に対して専修念仏停止の訴えを起こした。いわゆる『興福寺奏状』である。起草者は解脱房貞慶だったと言われる。朝廷では詮議が重ねられたが、ついに建永2年（1207）2月に一斉検挙が行われ、門弟4名が死罪、数名が遠流の刑に処せられた。建永の法難あるいは承元の法難と呼ばれる。法然は土佐国番多へ遠流となったが、実際には讃岐まで赴いて、その年の内に摂津に戻り、箕面の勝尾寺に入った。京都への帰還を許され、東山吉水の地に戻ったのは建

暦元年（1211）11月のこととされる。しかしすでに病重く、翌建暦2年（1212）1月25日に没、80歳であった。

主著『選択本願念仏集』のほかに、東大寺での講義を記録した『無量寿経釈』『観無量寿経釈』『阿弥陀経釈』、弟子遵西の父中原師秀の逆修に招かれた際の講義録『逆修説法』、臨末の法語といわれる『一枚起請文』等が現存する。

■ 『選択本願念仏集』の大綱

『選択本願念仏集』は、選択本願念仏の教理と実践の体系を組織したもので、「浄土宗」の独立を宣言した書である。阿弥陀仏は、あらゆる衆生を平等に救い取って極楽浄土に往生させたいという本願を立て、その成就のために、難にして劣である一切の諸行を選び捨て、易にして勝である称名念仏の一行を選び取って、万人往生の行と定めた。したがって本願を信じ念仏する者は、善悪賢愚の差別なく、必ず阿弥陀仏の報土に往生せしめられる。この選択本願念仏の道理によって立てられた専修念仏の法門こそが、仏の本意にかなう真実の仏教であるから、聖道の諸宗に対して、浄土宗が独立しなけらばならないと説くのである。

『選択本願念仏集』は16章からなる。

第1「二門章」には、立教開宗の根拠が示されている。道綽の『安楽集』によって聖浄二門の教判を立て、所依の経論（『無量寿経』『観無量寿経』『阿弥陀経』『浄土論』）と師資相承の系譜とを明かして、聖道門の諸宗を捨て、阿弥陀仏の極楽浄土に往生して証果を得る浄土門、すなわち「浄土宗」に帰せよと説く。

第2「二行章」では、善導『観経疏』散善義の就行立信釈の文によって、正雑二行、助正二業の廃立をおこない、正定業である称名念仏を専修せよと説く。善導は、読誦・観察・礼拝・称名・讃嘆供養の五正行を立て、それ以外の余行を雑行とした。そして五正行の中、第4の称名を本願随順の正定業とし、あとの四行を助業とする。それを承けて法然は、阿弥陀仏と極楽浄土とを対象とする行を「正行」と呼び、読誦正行・観察正行・礼拝正行・称名正行・讃嘆供養正行の五正行を立てる。一方、阿弥陀仏以外の仏菩薩を対象とする行を読

誦雑行・観察雑行・礼拝雑行・称名雑行・讃嘆供養雑行と呼んで、これを捨てよと説く。さらに阿弥陀仏は五正行の中、第4の称名を本願の行として選び取ったと言い、称名を正定業、その他の四行を助業と呼ぶ。助業は非本願の行であるから、阿弥陀仏によって選び捨てられたものである。その意味では捨て去るべき行であるが、見方をかえれば、念仏生活を荘厳する助業として意義を認めることもできる。どちらに重きを置くかによって、門弟の間でさまざまな見解が生じたようである。

　第3章以下には、浄土三部経と善導の釈とによって、称名を正定業として選定することの根拠が示されている。

　第3「本願章」では、はじめに『無量寿経』第18願文と、善導『観念法門』『往生礼讃』の第18願取意文とを掲げ、次いで5番の問答を設けて選択本願の意を明かしてゆく。本願に説く「乃至十念」を、善導は「下至十声」と釈している。これによって法然は「念声是一釈」「乃下合釈」を施し、本願の十念は、観念でも憶念でもなく、称名の意であり、上は一生涯相続の多念から、下は十声一声等に至るまで、必ず往生を得しむと誓われたものであると理解する。法然は善導の意を承けて、第18願を「念仏往生の願」と呼ぶのである。

　第4「三輩章」には、『無量寿経』三輩往生段の説によって念仏と諸行との関係を論じ、廃立・助正・傍正の3義を立てている。廃立義とは、善導『観経疏』散善義の、「上来定散両門の益を説くといへども、仏の本願に望むるに、意、衆生をして一向に専ら弥陀仏の名を称せしむるにあり」という釈によって、定散諸行を説くのは所廃の行体を明かすためであり、所立の行を示すために「一向専念」という言葉を付して念仏が説かれたと見る立場である。助正義とは、諸行は念仏を助成する助業として説かれたと見る立場で、五正行の中の前三後一の四行を同類助業、発菩提心や起立塔像等の諸行を異類助業と呼ぶ。傍正義とは、正業としての念仏にも、傍業としての諸行にも、ともに上・中・下の浅深あることを示すために三輩段が説かれたと見る立場である。法然は、善導の釈意によって廃立義を正義とすると言うが、この三義をめぐっては門下の間にさまざまな異説が出現することになる。

　第5「利益章」には『無量寿経』『往生礼讃』によって念仏の利益を明かし、第6「特留章」では『無量寿経』によって念仏の法門が法滅の後までも弘通す

ることを説いている。以下、第7「摂取章」・第8「三心章」・第9「四修章」・第10「化讃章」・第11「約対章」・第12「付属章」には『観無量寿経』によって、第13「多善章」・第14「証誠章」・第15「護念章」・第16「慇懃章」には『阿弥陀経』によって、選択本願の意義が明かされている。

　次いで16章の内容を総括する「八選択」と呼ばれる釈が置かれる。『無量寿経』には「選択本願」「選択讃嘆」「選択留教」の三選択、『観無量寿経』には「選択摂取」「選択化讃」「選択付属」の三選択、『阿弥陀経』には「選択証誠」の一選択、『般舟三昧経』には「選択我名」の一選択が示されている。本願・摂取・我名・化讃は弥陀の選択、讃嘆・留教・付属は釈迦の選択、証誠は諸仏の選択である。よって念仏往生は、釈迦・弥陀・十方諸仏が同心に選択された法門であると言うのである。

　さらに選択本願念仏の思想を83文字に要約して、次のように述べている。

　　はかりみれば、それ速やかに生死を離れんと欲はば、二種の勝法の中に、しばらく聖道門を閣きて、選んで浄土門に入れ。浄土門に入らんと欲はば、正雑二行の中に、しばらくもろもろの雑行を抛ちて、選んで正行に帰すべし。正行を修せんと欲はば、正助二業の中に、なほ助業を傍らにして、選んで正定を専らにすべし。正定の業とは、すなはちこれ仏名を称するなり。名を称すれば、必ず生ずることを得。仏の本願によるがゆゑに。

（『大正蔵』83, p.18c〜19a）

　古来「三選の文」あるいは「略選択」と呼ばれ、法然教学の枢要を述べた文

山越阿弥陀図（金戒光明寺蔵）

とされている。ここには三重の選択が説かれている。第一に仏道を聖浄二門に開いて「聖道門をさしおいて浄土門に入れ」と言い、第二に正雑二行の中より「雑行をなげうって正行に帰せ」と言い、第三に正助二業の中より「助業をかたわらにして正定業を専修せよ」と言う。称名は阿弥陀仏の本願によって選び取られた正定の行であるから、

阿弥陀二十五菩薩来迎図（早来迎）（知恩院蔵）

必ず往生することができると言うのである。すなわち、「名を称すれば、必ず生ずることを得」が宗（結論）、「仏の本願によるがゆゑに」が因（論拠）であって、『選択本願念仏集』の全体はこの二句に収まると言われるのである。

■法然の思想とその影響

　法然の晩年、門弟の間に持ち上がった教学上の問題として、一念義・多念義の論争を挙げることができる。一念義とは、一念の信心または一声の称名によって平生に往生極楽が決定するとして、その後の称名相続を軽視する立場、多念義とは、臨終に至るまで不退転に称名を相続し、臨終来迎にあずかった時に往生が決定すると見る立場である。

　そもそも法然は、一念・多念のいずれにも偏ることなく、上は一生涯相続の称名を取り、下は一念の称名をも摂して、あえて数量を示さずに「念仏往生の願」と言ったのである。「禅勝房に示す御詞」（『和語燈録』巻４所収）に見える次のような見解が法然の基本姿勢であった。

　　信をば一念にむまるととりて、行をば一形にはげむべし。

(『大正蔵』83, p.222b~c)

　法然は、善導『往生礼讃』に用いられた「安心門・起行門」という言葉を独自に理解し、安心門とは念仏一行を正定業と信ずること、起行門とは所信の念仏行を実践してゆくことであると言う。法然は、安心門によって、称名は一念（一声）までも決定往生の業であると信じて、それを一生涯称え続けるべきであるとし、起行門において、厳格なる持戒僧として日課数万の念仏を一生涯行じたのである。

　それに対し、門下に起こった一念義は、安心門を重視し、往生は全分の他力によると主張して、多念義をもって自力に執着する者と断ずる。信を偏重して起行門を欠落させたため、称名念仏の相続を否定し、一念に往生が決定した後は、いかなる罪を造ってもよい等と説く邪偽に陥ってゆく者が現れる。

　一方の多念義は起行門を重視し、自力他力相資の救済説を立てて、一念義に対しては他力の義を誤った外道であると非難する。起行門の行状を安心門に持ち込んだために、聖道門的思考へと逆行してゆくのである。

　法然没後の門弟たちの動向をうかがう資料として、13世紀半ばに著された住信の『私聚百因縁集』巻7に、次のような記述がある。

　　黒谷源空上人法然、自ら大蔵経を開いて浄土の教門を興す。しかも一向専修の弘通ここに盛んなり。門下に幸西成覚、一念義の元祖、聖光鎮西義の元祖、隆寛長楽寺の多念義の元祖、証空善恵房、西山義の元祖、長西九品寺の諸行本願義の元祖、これあり。門徒数千万なるも上足はこの五人なり。

(『仏全』148, p.116b)

　凝然の『浄土法門源流章』には、上の幸西・隆寛・証空・聖光・長西に、信空・行空の2派を加えて7派が挙げられ、14世紀後半成立の『法水分流記』は、7派から行空を除き、親鸞・湛空・源智の3派を加えて9派を挙げている。

　幸西（1163~1247）は一念義の祖とされるが、現存の著述『玄義分抄』によると、彼の言う一念とは仏智の一念であり、凡夫の信心が仏智願力と相応して「信智唯一」となることによって往生が決定するという立場であったことがわ

かる。信の一念に往生決定するという平生業成説に立つが、一念以後の称名を否定することはなく、まして造悪無礙を許すようなことはなかったのである。

隆寛（1148～1227）は多念義の祖とされるが、著述『一念多念分別事』や、法語の聞書『後世物語聞書』による限り、彼は一念・多念の両派を批判していて、特に多念義に偏ることはなかったと見られる。ただし『散善義問答』には、次のような記述がある。

> 念仏の行は、一発心の後、往生の期に至るまで退転すべからずと勧進するなり。何をもってのゆゑにとなれば、正しく本願に乗ずることは最後の一念なり、正しく蓮台に乗ずることは臨終の一念なり。尋常の一念をもって本願に乗ずることあり。善導・懐感等の人これなり。その余の行人は、尋常の念仏の力をもって最後の正念を成就して、本願に乗ずるなり。
> 　　　　（平井正戒『隆寛律師の浄土教附遺文集』附録「隆寛律師遺文集」p.63b）

凡夫は尋常の念仏を相続することによって、臨終の時に往生が決定するという、いわゆる臨終業成説を主張しているのである。

このほか聖光房弁長の鎮西義、善恵房証空の西山義、覚明房長西の諸行本願義や、信空の白川門徒、親鸞の大谷門徒、湛空の嵯峨門徒、源智の紫野門徒等が挙げられるが、ここでは弁長・証空・親鸞を取り上げて概観したい。

（2）弁長

聖光房弁長（1162～1238）は弁阿と号し、鎮西上人とも呼ばれる。筑前国（福岡県）遠賀郡香月庄の出身、9歳で出家、14歳で受戒、22歳で比叡山に上り宝地房証真の門弟となる。29歳で一旦帰郷するが、建久8年（1197）36歳の時、所用で上京した際に法然に出会い入門した。建久10年に再度上京し、以後6年間吉水の法然のもとに滞在して教えを受けた。その間に『選択本願念仏集』を付属されている。元久元年（1204）43歳の時、吉水を辞して故郷へ帰り、筑前・筑後・肥後等に遊化し、筑後国山本に善導寺を建立して九州における念仏の根本道場とし、肥後国白川に往生院を開いた。

著述として、『末代念仏授手印』1巻、『浄土宗名目問答』3巻、『念仏名義集』3巻、『念仏三心要集』1巻、『浄土宗要集』（『西宗要』）6巻、『徹選択本願念仏集』2巻等が現存する。

鎮西教学の特徴は、いわゆる多念義の思想的傾向を持つところにある。弁長は、『末代念仏授手印』の冒頭に、法然より承けた念仏の綱要を次のように述べている。

> 慥にもって口に唱ふるところは五万六万、誠にもって心に持つところは四修三心なり。これによって自行を専らとするの時は、口称の数遍をもって正行となし、他を勧化するの日は、称名の多念をもって浄業と教ふ。
>
> （『大正蔵』83, p.269a）

また『浄土宗名目問答』巻下には、一念義・多念義の諍論に関する問題を取り上げ、善導『観念法門』の、「三万六万十万を得る者はみなこれ上品上生の人なり」等の文を掲げて多念義を正義となし、一念義を厳しく批判している。加えて多念相続の行儀を示す中、特に臨終行儀を重視し、臨終正念にして弥陀の名号を称する者をもって往生人とするのであると述べている。

『浄土宗名目問答』巻中には、次のような記述がある。

> 問ふ。ある人の云ふ、数遍はこれ自力なり、自力は難行道なり、難行道は陸路の歩行なり。その身を苦しむといへども、往生においてはまったくもって遂ぐるべからず。一念はこれ他力なり、他力はこれ易行道なり、易行道は乗船の水路なり。その身を安楽にして往生において速やかにこれを得。この義いかん。答ふ。このこと極めたる僻なり。そのゆゑは、他力とは全く他力を憑み一分も自力なしと云ふこと、道理然るべからず。自力の善根なしといへども他力に依って往生を得と云はば、一切の凡夫の輩、今に穢土に留まるべからず、みな悉く浄土に往生すべし。また一念は他力、数遍は自力とは、何なる人師の釈ぞや。善導の釈の中に、自力他力の義あるも、自力他力の釈なし。一念は他力、数遍は自力の釈、意を得難し。
>
> （『浄土宗全書』10, p.410a〜b）

多念義を自力難行道、一念義を他力易行道とするような立場は認められない。そもそも全分の他力によって往生を得るなどということはあり得ないと言うのである。これを承けて良忠は、『選択伝弘決疑鈔』巻1に、自力とは戒・定・慧の三学、他力とは仏の本願力のことであると言う。聖道門の人はまず三学を行じ、その行の成就のために仏の加力を願うので、自力が他力よりも勝っている。それに対し浄土門の人はまず仏力を信じ、仏願に順うために念仏を行ずるので、他力が自力に勝っている。だから聖道門を自力、浄土門を他力と呼ぶが、共に自力・他力が相俟って修行を成就する。自力を捨てて他力を取るというようなことはないと言う。

称名念仏は本願に誓われた行であるから即得往生の因となるという見解は、法然の明示したところであり、門弟の間に異論はない。しかるに三福等の諸行をどのように位置づけるかについては諸説があった。たとえば九品寺流長西（1184〜1266）は、諸行本願義を主張している。長西は第18願を念仏往生の願、第19願を聖衆来迎の願、第20願を諸行往生の願と見る。阿弥陀仏は凡夫の救済を目指して念仏往生の願を建立したが、その願に漏れた諸行の機を救うため改めて諸行往生の願を立て、これら両者のために来迎引接を誓ったと言うのである。

この問題について、弁長は『西宗要』巻1に、諸行往生・念仏往生はともに浄土宗の元意であるかと問いを発し、「ただ念仏往生をもって宗となし給へり」と明言している。『徹選択本願念仏集』巻上にも、「弥陀如来は余行をもって往生の本願となさず、ただ念仏をもって往生の本願となすとは……往生行において別して一大願を立つ。いはゆる第十八念仏往生の願これなり」という記述がある。ただし『徹選択本願念仏集』巻下には、念仏三昧とは「不離仏・値遇仏」の義であると言い、諸菩薩が諸仏に離れず諸仏に値遇して修する六度万行や、三世諸仏浄業正因としての三福行も、みな念仏と名づけられると主張した上で、次のように述べている。

> 今念仏に総別二種の義あるなり。いはゆる総じてこれを言はば、万行みなこれ念仏なり。別してこれを言はば、口称の名号をもって念仏となすなり。ただし善導の意は総を捨てて別を取るなり。　　　　（『大正蔵』83, p.31b）

また『西宗要』巻4には、次のように述べている。

> 往生の行に二あり。通因の行と別因の行なり。念仏はこれ阿弥陀仏の本願なり。ゆゑに別因の行なり。三福はこれ一切諸仏通因の行なり。ゆゑに通因をもって上品の三生に待対し、中品の三生に待対し、別因をもって下品の三生に待対するなり。もし別因をもって九品に通ぜん時は、念仏の一行をもって九品に待対すべし。　　　（『浄土宗全書』10, p.222b～223a）

これらの記述によると、弁長は称名念仏とともに諸行をも往生の因行として認めていたことがわかるのである。古来鎮西義を二類各生説と評するゆえんである。

弁長には多くの門弟があったが、良忠然阿（りょうちゅうねんあ）(1199～1287) を筆頭とする。良忠は石見国（いわみ）（島根県）三隅庄（みすみ）の出身、38歳の時筑後善導寺で弁長より受法、京都・関東に遊化し、『選択伝弘決疑鈔』5巻、『観経疏伝通記』（でんつうき）15巻、『浄土宗要集』（『東宗要』（とうしゅうよう））5巻等多くの著述をなして、鎮西義の弘通に大きな役割を果たした。

（3）証空

善恵房証空（ぜんねぼうしょうくう）(1177～1247) は西山上人（せいざん）と呼ばれる。京都に生まれ、14歳で出家して法然の門に入った。建久9年（1198）『選択本願念仏集』述作の際には勘文（かんもん）の役を務めた。建永2年（1207）の法難では遠流の判決を受けるが、慈円の預かりとなって難をのがれた。その前後、河内国磯長に遊学し、太子廟の願蓮（がんれん）より天台学を学んでいる。法然没後は、慈円のもとで台密を学び、慈円より付属された西山善峰寺の北尾往生院（きたおおうじょういん）（三鈷寺（さんこ））に住し、ここを本拠として『観門義』の講義を始めた。また深草の歓喜心院、摂津の浄橋寺等を建立し、不断念仏・六時礼讃・問答論義の実践、当麻曼荼羅（たいま）の流布、経論章疏の開版等によって僧俗の教化に努めた。

著述として、『観門要義鈔』41巻（略称『観門義』『自筆鈔』。『観経疏観門義』21巻・『往生礼讃観門義』10巻・『観念法門観門義』3巻・『般舟讃観門義』7巻より

なる)、『観経疏他筆鈔』14巻等多数伝わっている。

西山教学の特徴の一つとして、『観門義』に用いられた「行門・観門・弘願」という名目で顕される教理の組織を挙げることができる。行門とは、聖道門自力位一般を表し、『観無量寿経』においては三福（自力位の定散二善）を指す。観門とは、浄土門他力位の定散二善十六観門を指す。弘願とは、観門によって顕される第18願の念仏往生の法門を指す。ただしこの三門は各別に用意された法門ではない。『玄観門義』巻1に、次のような記述がある。

> 難行道とは自力行門の道なり。五乗垂迹の用、これによりて道成ず。かの行門には菩提心を指して無上心と謂ふ。易行道とは他力観門の道なり。凡夫一実の機、これによりて出離す。この門には三心を指して無上心と謂ふ。二種の道、共に仏果に赴くべしといへども、行門は一実の方便なり。
> （『仏全』55, p. 9b）

行門は観門の方便と位置づけられている。また『定観門義』巻5には、次のように言う。

> 「またこの経の定散の文の中に」より下は、今経に就きて、正しく観門、弘願を詮する道理を釈し顕すなり。「定散の文の中に」とは、十六の観門を指すなり。この観門、弘願念仏を詮する法をば文と云ふなり。「ただ専ら名号を念じて生ずることを得と標す」とは、この観門、弘願を詮する文なれば、一一の文の下に専ら名号を念じて生ずといふにありとなり。「ただ」の字は定散の諸行を説くといへども、仏意は念仏往生を明さんがためなれば、別に諸行を説くにあらずと遮して、「ただ標す」と云ふなり。
> （『仏全』55, p. 282b～283a）

定散二善十六観門は弘願念仏を顕すための教えであり、十六観の一々が弘願念仏の法を顕していると言う。証空は、観門・弘願を主として能詮・所詮の関係で捉え、「開会」の思想によって、定散二善はすなわち弥陀念仏であると主張する。聖道門の修行や浄土門の定散二善は、未熟の機にとっては自力断証の

行としか見えないが、自力の執心が除かれ、三心の領解が開けたならば、一切の諸行は、本来名号胎内の善法であり、阿弥陀仏の弘願によって用意されたものであることを知り、すべては弘願念仏の法であったと知るのである。

証空は、自力を捨てて他力に帰せよと言うが、自力を捨てるとは、自力の執心を捨てることであり、他力に帰するとは、諸行を胎内の善としてもっている弘願念仏の法、すなわち「南無阿弥陀仏」に帰順することであると言うのである。常随の弟子蓮生との問答を伝えた『述成』に、証空は次のように述べている。

> 今、此の本願の名号には、五劫思惟の心内に南無の衆生をのせて願じ、兆載永劫の万行は、流転の我等どもの行にして、知らざるに仏の方よりぞ南無阿弥陀仏と一つに成じ、凡夫往生の仏とは成りたまへり。此の故に衆生の方よりは何一つも用意すべき事なく、全分に仏の方より、何一つも漏さず御認め候なり。 （『西山上人短編鈔物集』p.83〜84）

凡夫往生の願行はすべて阿弥陀仏の側で用意されているという、全分他力の往生を説くのである。続いて証空は、願行具足の名号を称えながら往生を疑うことが自力の執心であり、他力に帰する者は、妄想顛倒の心を持ったままでも南無阿弥陀仏と称えれば、その中に仏の願行が納まっているから、仏の恩徳によって生死を離れることができると主張する。したがって『述成』に、「念仏三昧、往生の体と心得るより外には別に臨終を置くべからず。又別に来迎を置くべからず。念仏即往生、往生即臨終なり。又来迎なり」とあるように、臨終来迎を待つことなく、弘願に帰した時に往生は決定する。それを「即便往生」と言い、臨終に往生する「当得往生」と区別するのである。

証空には多くの門弟があり、特に法興浄音（1201〜1271）の西谷義、円空立信（隆信、1213〜1284）の深草義、証入観鏡（1196〜1245）の東山義、証慧道観（1195〜1264）の嵯峨義を西山四流と呼んでいる。また示導（1286〜1346）の門下に実導仁空・明導照源が出、聖達の門からは時衆の祖一遍智真が出ている。

一遍（1239〜1289）は伊予国の出身で、13歳のころ筑紫に赴き証空の弟子聖

達に入門、聖達の紹介した華台に師事して浄土宗西山義を学んだ。36歳の時、妻子を伴って布教の旅に出た一遍は、四天王寺・高野山を経て熊野に上り、本宮証誠殿に参籠した。証誠殿の本地は阿弥陀仏とされていた。そのころ一遍は念仏札を配る「賦算」による勧進活動を始めていたが、その是非について熊野権現の神意を問うたのである。権現は、「衆生の往生浄土は、信・不信、浄・不浄にかかわらず阿弥陀如来の名号によって決定したことであるから、相手を区別することなく名号札を配るべし」等と告げたという。続いて一遍は新宮を訪れ、そこでは、「六字名号一遍法　十界依正一遍体　万行離念一遍証　人中上々妙好華」という頌を感得する。一切の雑念を捨てて「南無阿弥陀仏」の六字名号に込められた絶対の教法を仰ぐ者こそが理想の念仏者だと言うのである。熊野での体験によって自身の活動に確信を得た一遍は、以後妻子と別れて賦算の旅を続ける。一切を捨て去ってすべてを阿弥陀仏に任せる「捨聖」として、遊行の中で生涯を念仏勧進に捧げたのである。一遍の思想的特徴は、西山義を承けて衆生と阿弥陀仏とを一体と見るところにある。いわゆる機法不二の念仏である。阿弥陀仏と一体となる念仏は、踊躍歓喜の踊り念仏にまで高揚することもあった。臨終に際し一遍はすべての書物を焼却した。よって著述は伝わらないが、後人の手によって『播州法語集』『一遍上人語録』等が編纂され、また『一遍聖絵』『遊行上人縁起絵』等の絵伝が現存する。

（4）親鸞

■親鸞の生涯

　善信房親鸞（1173〜1262）は京都日野の生まれ、9歳で得度し、比叡山に上って天台教学を学び、横川常行堂の堂僧などを務めたという。建仁元年（1201）29歳の時、比叡山を下りて法然の門に入り、綽空と名乗る。元久2年（1205）4月、師より『選択本願念仏集』の筆写と真影の図画とを許可された。この時、名を善信と改めたという。

　建永2年（承元元年1207）の法難に連座して越後へ遠流となる。その頃恵信尼と結婚、善鸞をはじめ6人の子をもうけた。建暦元年（1211）11月、流罪が赦免となり、家族とともに常陸国（茨城県）稲田に移住、そこを拠点に関

東・奥州一帯を教化した。加えて自身の思想を著作にまとめる作業にとりかかり、元仁元年（1224）頃から『教行証文類』の著述をはじめ、関東在住中には草稿がほぼできあがったといわれる。

60歳を過ぎた頃、関東から京都へ帰る。五条西洞院に居をかまえ、十数年間は『教行証文類』の添削に専念する。後には三条富小路にあった弟尋有の房舎、善法坊に移り、そこが終焉の地となる。遺骨は東山大谷の墓に納められた。

主著『顕浄土真実教行証文類』は、『教行証文類』『教行信証』等と略称する。「教文類」「行文類」「信文類」「証文類」「真仏土文類」「化身土文類」の6巻よりなり、「行文類」の末尾には「正信念仏偈」を置く。東本願寺に真筆本（坂東本）が蔵されている。

親鸞像（鏡御影）（西本願寺蔵）

そのほか『浄土文類聚鈔』1巻、『愚禿鈔』2巻、『三帖和讃』（『浄土和讃』『高僧和讃』『正像末和讃』）、『入出二門偈』『浄土三経往生文類』『尊号真像銘文』『一念多念文意』『唯信鈔文意』等が現存、40通余の消息が伝わっている。

伝記資料としては、覚如が永仁3年（1295）に著した『御伝鈔』をはじめ多数ある。また妻恵信尼が末娘覚信尼にあてた8通の消息（『恵信尼消息』）や、直弟河田の唯円が編集した『歎異抄』等も有力な資料である。

■ 『教行証文類』の大綱

『教行証文類』の本論冒頭には、次のように教義の大綱が示されている。

謹んで浄土真宗を按ずるに、二種の回向あり。一には往相、二には還相なり。往相の回向について真実の教・行・信・証あり。

（『大正蔵』83, p.589b）

親鸞は、往相・還相の二回向と、教・行・信・証の四法の体系を「浄土真宗」と名づけるのである。『浄土文類聚鈔』には、「しかるに本願力の回向に二種の相あり。一には往相、二には還相なり。往相について大行あり、また浄信あり」とあって、「本願力回向」と「浄土真宗」とが同意であることがわかる。

「本願力回向」とは、如来の活動を意味する言葉である。浄土真宗の教義は、阿弥陀如来が衆生を救済してゆくはたらきに着眼して組織される。

その「本願力」とは、選択本願すなわち『無量寿経』の第18願のはたらきを指す。

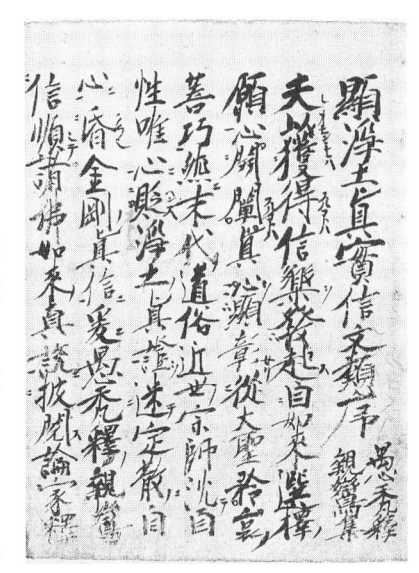

『教行証文類』坂東本（東本願寺蔵）

　　たとひ我、仏を得んに、十方の衆生、至心に信楽し、我が国に生ぜんと欲して乃至十念せんに、もし生ぜざれば、正覚を取らじ。ただ五逆と誹謗(ひほう)正法(しょうぼう)とを除く。　　　　　　　　　　（『大正蔵』12, p.268a）

「正覚を取らじ」までは、一切衆生の摂取(せっしゅ)が誓われているので摂取門と言い、「ただ五逆と誹謗正法とを除く」は、逆謗(ぎゃくほう)の罪を抑止(おくし)するという意味で抑止門と言う。逆謗人を排除するのではない。すでに逆謗罪を犯した者には、その逆謗の心を持ち続ける限りは往生できないと誡め、回心(えしん)を勧めていると見る。本願を信じ念仏するすべての者を、極楽に往生させようとする誓願である。最も救われがたい逆謗闡提(ぎゃくほうせんだい)といえども、その心を翻(ひるがえ)して、本願に随順し名号を称えるならば、必ずすくい取られると解釈するのである。

その誓願が成就して阿弥陀如来が出現する。如来の徳は「南無阿弥陀仏」の名号に盛り込まれて衆生に施し与えられる。その活動を「回向」と言う。回向相は、「往相・還相」という二種の形をとる。「往相」とは衆生が往生してゆく

様、「還相」とは往生成仏の後、大悲心を起こして娑婆に還来(げんらい)し、衆生を救済してゆく様をいう。

　往相の回向について「教・行・信・証」の四法を立てる。これが『教行証文類』の骨格となる。如来より示された『無量寿経』という真実の「教」により、本願の念仏という真実の「行」と、本願を疑いなく聞き容れる真実の「信」とが与えられる。その行・信によって凡夫のままで正定聚に定められ、命終とともに真実報土に往生し、涅槃という「証」を完成し、大悲心を起こして「還相」の活動を展開する。この「二回向四法」の全体を、阿弥陀如来の本願のはたらきと見るところに『教行証文類』の特徴がある。

　阿弥陀如来の四十八願は第18願に集約されるが、その内容は、第11・12・13・17・18願と第22願の6願に顕されている。

　第17願は、諸仏に本願の名号を称讃させ、それを衆生に聞かせようとした誓願であるから、「教文類」に示す真実の教は、第17願によって回向されたものと考えられる。また諸仏称讃の名号は、衆生の上には「乃至十念」の称名として現れるのであるから、「行文類」に説く本願の念仏は、第17願回向の行と捉えられる。続く「信文類」には、第18願によって回向された真実の信が説かれる。第18願の中心は、衆生に信を回施することを誓ったところにあると見るのである。その行と信とによって涅槃の証果へと導こうと誓ったのが第11願である。「証文類」は第11願による。さらに真実証果に伴う大悲還相の活動を、第22願によって回向されたものとし、その相を「証文類」の後半に示す。「真仏土文類」には、真実の如来と浄土の世界を明かすが、それは、光明無量・寿命無量を誓った第12・13願によってもたらされたものとされる。

　以上のように、真実6願から教・行・信・証・真仏・真土と還相回向の7法が展開する。〈第22願・還相回向〉を〈第11願・証〉に収めれば「五願六法」となる。

　加えて「化身土文類」では、真実に背く邪偽の宗教と、その邪偽の宗教から真実の宗教へと導くために仮に開設された方便の教えとを説く。「真・仮・偽」の枠であらゆる宗教を捉えようとするのである。「偽」とは我欲を助長する外教、「仮」とは、聖道門の教えと、浄土門内の要門と真門とを指す。要門とは、自力諸行によって往生を目指す法門で、『観無量寿経』の教説がこれに当たる。

そのような行者の救済は第19願に誓われ、自力の諸行は往生浄土の果へとふり向けられてゆく。真門とは、自力念仏によって往生を願う法門で、『阿弥陀経』の教説がこれに当たる。そのような者の救済は、第20願に誓われ、やがて第18願（弘願）の他力念仏の法門へと導かれてゆくと言う。「化身土文類」には、要門から真門へ、そして弘願へと転入してゆく様を、親鸞自身の回心の過程として示した記述があり、古来「三願転入」と呼んでいる。

■親鸞の思想
【信心の構造】
　親鸞教学の特徴は、如来回向の信心を往生成仏の正因とするところにある。『一念多念文意』に、第18願成就文を釈して、次のように言う。

　　「聞其名号」といふは、本願の名号をきくとのたまへるなり。きくといふは、本願をききてうたがふこころなきを「聞」といふなり。またきくといふは、信心をあらはす御のりなり。「信心歓喜乃至一念」といふは、「信心」は、如来の御ちかひをききてうたがふこころのなきなり。
　　　　　　　　　　　　　　　　　　　　　　　（『大正蔵』83, p.694a〜b）

「信文類」末、現生十益の釈には、次のように言う。

　　しかるに経に「聞」と言ふは、衆生、仏願の生起本末を聞きて疑心あることなし、これを聞と曰ふなり。「信心」と言ふは、すなはち本願力回向の信心なり。　　　　　　　　　　　　　　　　　　（『大正蔵』83, p.607b）

　「信心」とは無疑心、すなわち本願のいわれを疑いなく聞き容れる心であり、その信心は、第18願によって如来より回向されるものである。
　第18願には、「至心・信楽・欲生」とある。これを本願の三心と呼ぶ。親鸞は「信文類」本に、本願の三心が「信楽」の一心に集約されることを論じている。古来「三一問答」と呼ばれる一段である。まず「字訓釈」において「至・心・信・楽・欲・生」の一字一字の意味を明かした後、次のように言う。

明らかに知んぬ、至心は、すなはちこれ真実誠種の心なるがゆゑに、疑蓋雑はることなきなり。信楽は、すなはちこれ真実誠満の心なり、極成用重の心なり、審験宣忠の心なり、欲願愛悦の心なり、歓喜賀慶の心なるがゆゑに、疑蓋雑はることなきなり。欲生は、すなはちこれ願楽覚知の心なり、成作為興の心なり、大悲回向の心なるがゆゑに、疑蓋雑はることなきなり。今三心の字訓を按ずるに、真実の心にして虚仮雑はることなし、正直の心にして邪偽雑はることなし。まことに知んぬ、疑蓋間雑なきがゆゑに、これを信楽と名づく。信楽すなはちこれ一心なり、一心すなはちこれ真実信心なり。　　　　　　　　　　（『大正蔵』83, p.604a）

　三心とは、如来より回向された真実の法を疑いを雑えずに受け容れる心である。「疑蓋無雑」は信心の相であり、三心の中では信楽に代表される。よって三心は信楽の一心に収まると言う。
　次いで親鸞は「法義釈」を設け、三心即一の教義をさらに明らかにしてゆく。無始以来今日に至るまで、衆生の心は煩悩妄念に支配されつづけ、真実清浄の信を起こすことはなかった。阿弥陀如来はそのような苦悩の衆生を哀れみ、衆生にかわって往生成仏の因を成就する。真実の智慧（至心）と、回向大悲心（欲生）とを完成し、一切衆生救済の実現に確信（信楽）を得た如来が、その三心の徳を「南無阿弥陀仏」の名号に込め、「我が真実の誓願を疑いなく信じて浄土への往生を目指せ。必ず摂取する」と衆生に呼びかける。本願の名号を聞き容れるとは、その呼びかけに応じて、我が身のすべてを如来にまかせることであり、それが衆生の信心（信楽）の姿である。その信楽の一心には、如来によって成就された三心の徳がまどかに備わっている。したがって本願の三心は、信楽の一心すなわち真実信心に収まると言うのである。
　親鸞は、如来より回向された三心即一の信心が、往生成仏の正因であることを主張する。「正因」とは、往生成仏の果を将来する正当かつ決定的な因種ということである。
　「正信念仏偈」に、「正定の因はただ信心なり」と言い、「信文類」のはじめに大信心を指して、「証大涅槃の真因」と言うほか、上に触れた三一問答のはじめにも、「涅槃の真因はただ信心をもってす」とある。

三一問答の信楽釈には次のように言う。

> この心はすなはち如来の大悲心なるがゆえに、必ず報土の正定の因となる。如来、苦悩の群生海を悲憐して、無礙広大の浄信をもって諸有海に回施したまへり。これを利他真実の信心と名づく。（『大正蔵』83, p.605a)

「信楽」は、如来の大悲心を回向されたものだから、報土往生の正因となると言うのである。また、『正像末和讃』には次のように言う。

> 不思議の仏智を信ずるを　　報土の因としたまへり
> 信心の正因うることは　　かたきがなかになほかたし
> 　　　　　　　　　　　　　　　　（『大正蔵』83, p.666b)

仏智を信ずる信心が報土往生の正因であると言う。その信心は、同じく『正像末和讃』に、「智慧の念仏うることは　法蔵願力のなせるなり　信心の智慧なかりせば　いかでか涅槃をさとらまし」と言うような、智慧としての信心である。如来回向の信心は、如来の智慧と慈悲の徳を全領しているから、往生成仏の因となるのである。三一問答において三心を仏辺で論じたのは、信心の本体が悲智円満の仏心であることを明かし、それによって信心が涅槃の因となることを主張するためであったと考えられる。

さて「信文類」本は三一問答を終えて、菩提心釈に入る。ここで親鸞は、如来回向の信心を、横超の菩提心と言う。

> しかるに菩提心について二種あり。一には竪、二には横なり。また竪についてまた二種あり。一には竪超、二には竪出なり。竪超・竪出は権実・顕密・大小の教に明かせり。歴劫迂回の菩提心、自力の金剛心、菩薩の大心なり。また横についてまた二種あり。一には横超、二には横出なり。横出とは、正雑・定散、他力の中の自力の菩提心なり。横超とは、これすなはち願力回向の信楽、これを願作仏心と曰ふ。願作仏心すなはちこれ横の大菩提心なり。これを横超の金剛心と名づくるなり。横竪の菩提心、

その言一にしてその心異なりといへども、入真を正要とす、真心を根本とす、邪雑を錯とす、疑情を失とするなり。忻求浄刹の道俗、深く信不具足の金言を了知し、永く聞不具足の邪心を離るべきなり。

(『大正蔵』83, p.606c)

　親鸞は仏教を「竪超・竪出・横超・横出」の四種の教法に分類する。これを「二双四重」の教判と言う。竪は聖道門、横は浄土門、出は漸教、超は頓教を意味する。発菩提心は、すべての法門に共通の、仏道の出発点である。大乗仏教は、悲智円満の菩提を求める心をおこし、その菩提心にしたがって自利利他の実践を修め、仏果の完成を目指す宗教である。『華厳経』入法界品に、「菩提心はすなはち一切諸仏の種子たり。よく一切諸仏の法を生ずるがゆゑに」と言うように、諸仏の法は菩提心に基づいて築かれてゆく。その意味で、菩提心は仏道の正因である。

　浄土門といえども例外ではない。『無量寿経』巻下三輩段では、あらゆる機根の往生人に対して発菩提心が求められ、曇鸞の『論註』巻下には、「かの安楽浄土に生ぜんと願ずる者は、かならず無上菩提心を発すなり」とある。自ら菩提心を発すことのできない愚鈍の機があれば、阿弥陀如来はその者のために菩提心を回施して仏道へと導いてゆく。それが横超の菩提心である。如来回向の信楽には、悲智円満の仏心が備わっているから、それを信受することによって、衆生の内に仏道の正因が成立する。信心は如来回向の菩提心であるから、往生成仏の正因となると言うのである。

【現当の得益】

　親鸞教学における得益論の特徴は、「現生正定聚・往生即成仏」という言葉で表される。『無量寿経』には、第11願に、「たとひ我、仏を得んに、国中の人・天、定聚に住し、必ず滅度に至らざれば、正覚を取らじ」と言い、第11願成就文に、「それ衆生ありてかの国に生ずる者は、みな悉く正定の聚に住す。ゆゑはいかん。かの仏国の中には、もろもろの邪聚および不定聚なければなり」と言うように、極楽に往生した者は正定聚に住し、やがて必ず涅槃に至ると説かれる。正定聚に入ればやがて涅槃に至るのは自明の理である。第18願成

就文に、「すなはち往生を得、不退転に住す」という「不退転」や、『阿弥陀経』に、「極楽国土には、衆生の生ずる者、みなこれ阿鞞跋致なり」という「阿鞞跋致」と「正定聚」とは同意と見てよい。『無量寿経』や『阿弥陀経』は、往生極楽によって得られる果報として、正定聚不退転に住することを説くのである。

ところが親鸞は、正定聚不退転に住することを現生での利益、涅槃の証果を得ることを当来すなわち往生後の利益とする。第11願の文言を現当二益に分けて理解しているのである。

まず現生正定聚説の根拠をうかがってみたい。親鸞は、正定聚・邪定聚・不定聚の三聚を、それぞれ弘願・要門・真門の機と見る。「信文類」のはじめに、「至心信楽の願 正定聚の機」と標挙（ひょうきょ）し、「化身土文類」のはじめに、「無量寿仏観経の意なり 至心発願の願 邪定聚の機 双樹林下往生」「阿弥陀経の意なり 至心回向の願 不定聚の機 難思往生」と記していることからわかる。「往生した者はみな正定聚に住する。それは極楽には邪定聚・不定聚はいないからである」と説かれた第11願成就文を、「真実報土に往生するのは、正定聚に定まった者のみで、邪定聚・不定聚の機は方便化土に留め置かれる」と解釈したのである。したがって住正定聚は現生における得益でなければならない。

親鸞は、それを信心の利益と見る。建長3年（1251）親鸞79歳の法語に、次のように言う。

　　真実信心の行人は、摂取不捨（せっしゅふしゃ）のゆゑに正定聚のくらゐに住す。このゆゑに臨終まつことなし、来迎たのむことなし。信心のさだまるとき往生またさだまるなり。
　　　　　　　　　　　　　　　　　　　　　（『大正蔵』83, p.711a）

『浄土和讃』に、「十方微塵世界の　念仏の衆生をみそなはし　摂取してすてざれば　阿弥陀となづけたてまつる」と言うように、摂取不捨は如来の名義である。信心とは名号のいわれを信受することであるから、そこには摂取不捨の利益が備わっている。その摂取不捨の利益によって、信心を得た時に正定聚に定まり、往生が決定するから、臨終来迎をまつ必要はないと言うのである。

「信文類」末は、次のような文で始まる。

> それ真実の信楽を按ずるに、信楽に一念あり。一念とはこれ信楽開発の時
> 剋の極促を顕し、広大難思の慶心を彰すなり。　　　（『大正蔵』83, p.607a）

　第18願成就文に、「あらゆる衆生、その名号を聞き信心歓喜すること乃至一念」と説かれる「一念」を、親鸞は「信の一念」と言う。上の文では、信心が開け発った最初の瞬間を指して「一念」と言っている。これを時剋釈と呼ぶ。その直後に、同じ「一念」について、次のように言う。

> 「一念」と言ふは、信心二心なきがゆゑに一念と曰ふ。これを一心と名づく。一心はすなはち清浄報土の真因なり。　　　（『大正蔵』83, p.607b）

　ここでは、一念の念を「こころ」と解し、「二心なきこころ」すなわち「無疑心」を「信の一念」とする。これを信相釈と呼ぶ。
　これに続いて、「金剛の真心を獲得すれば、横に五趣八難の道を超え、必ず現生に十種の益を獲」と言い、現生の十益を挙げてゆく。その第10が「入正定聚益」である。本願の名号を疑いなく聞き容れる信心が開かれた瞬間に、正定聚に定められると言うのである。
　住正定聚を現生における信心の利益と見た親鸞は、第11願を「必至滅度の願」「証大涅槃の願」と呼び、これを往生人に涅槃の証果を獲得させることを誓う願と捉えた。その証果を得る時期について、親鸞は「信文類」末に次のように言う。

> まことに知んぬ、弥勒大士は等覚の金剛心を窮むるがゆゑに、龍華三会の暁、まさに無上覚位を極むべし。念仏の衆生は横超の金剛心を窮むるがゆゑに、臨終一念の夕べ、大般涅槃を超証す。ゆゑに「便同」と曰ふなり。
> 　　　（『大正蔵』83, p.609b）

　王日休の『龍舒浄土文』に見える、「一念往生便同弥勒」という文言の釈である。横超の信心は、等覚の金剛心に等しいから、信心を得た者は、弥勒と同じく一生補処に住し、命終とともに涅槃を証すると解釈する。現生で獲得

する正定聚の位を等覚位と解し、したがって往生すれば即座に涅槃を証する、すなわち「往生即成仏」を主張するのである。

【悪人正機】
　『歎異抄』の第3条に紹介された親鸞の法語は、古来「悪人正機」という浄土真宗の奥義を伝えたものと言われている。

> 善人なほもって往生をとぐ、いはんや悪人をや。しかるを世のひとつねにいはく、悪人なほ往生す、いかにいはんや善人をや。この条、一旦そのいはれあるににたれども、本願他力の意趣にそむけり。そのゆゑは、自力作善のひとは、ひとへに他力をたのむ心かけたるあひだ、弥陀の本願にあらず。しかれども、自力の心をひるがへして、他力をたのみたてまつれば、真実報土の往生をとぐるなり。煩悩具足のわれらは、いづれの行にても生死をはなるることあるべからず（ず＝ざるをイ）、あはれみたまひて願をおこしたまふ本意、悪人成仏のためなれば、他力をたのみたてまつる悪人、もっとも往生の正因なり。よって善人だにこそ往生すれ、まして悪人はと仰せさふらひき。　　　　　（『大正蔵』83, p.728c〜729a）

　「善人でさえ往生できるのだから、悪人が往生できないはずがない」と言うのである。「悪人でも往生できるのだから、善人はなおさらである」というのが世間の常識であろうが、この立場は本願他力の宗旨に背いている。善人のほうが悪人よりも往生しやすいとする立場は、自力の善行を往生の因として評価することである。それが方便の法門であることはすでに述べたとおりである。自力の善行をたのみにする行者に対しては、その心を翻して、本願他力の信心を得れば、真実報土に往生できると説かれる。それに対し、我ら煩悩具足の凡夫には、たのむべき善行のかけらさえもない。如来はそのような者を救うために本願をたてたのである。我らには、その本願をたのむ以外に往生の方途はない。如来の本願は、その本願のみをたのみにする煩悩具足の凡夫に向かって発せられている。だから、本願をたのむ悪人こそが、往生の正機だと言うのである。

『歎異抄』第1条には、次のように言う。

> 弥陀の本願には、老少・善悪のひとをえらばれず、ただ信心を要とすとしるべし。そのゆゑは、罪悪深重・煩悩熾盛の衆生をたすけんがための願にて（て一イ）まします。　　　　　　　　　　（『大正蔵』83, p.728a～b）

　阿弥陀如来は、老少善悪の区別なく、あらゆる衆生を平等に救うため、信心正因の本願をたてた。それは、悪人救済のために発された本願だったからである。救済が、善人にも悪人にも平等にもたらされるのは、最も救われ難い者に救済の焦点を定めたからだと言うのである。「悪人正機」とは、善人よりも悪人のほうが往生しやすいという思想ではなく、如来の大悲心が悪人に向けられていることを言うものと理解されよう。
　さて、この「悪人正機」は、親鸞が師法然より口伝によって授かった教説であると言われる。法然の著述中に見出すことはできないが、醍醐本『法然上人伝記』の「三心料簡および御法語」や、覚如の『口伝鈔』は、「善人なほもって往生す、いかにいはんや悪人をや」という言葉が、法然によって語られたものであることを伝えている。また、『歎異抄』所収の親鸞の法語は「と云々」で終わるのが通例であるが、この第3条と、「無義をもって義とす」ということを説く第10条とのみ、「と仰せ候ひき」と結ばれているのは、法然の仰せを親鸞が伝えたことを意味すると解釈する学者もある。加えて、14世紀頃までは、鎮西派や西山派等、浄土宗諸派でも、悪人正機の法語が語り継がれていたことが指摘されている。ところがいつの頃にか埋もれてしまい、浄土真宗にのみ、奥義の法門として伝承されていったのである。

【自然法爾】

　「自然法爾章」と呼ばれる親鸞の法語がある。次に挙げるのは、覚如の次男従覚が編集した親鸞の書簡集『末燈鈔』に収められたものであるが、ほかに蓮如開版の文明版『三帖和讃』の末尾にも同様の法語が掲載されている。

> 「自然」といふは、「自」はおのづからといふ、行者のはからひにあらず、

「然」といふは、しからしむといふことばなり。しからしむといふは、行者のはからひにあらず、如来のちかひにてあるがゆゑに法爾といふ。「法爾」といふは、この如来の御ちかひなるがゆゑに、しからしむるを法爾といふなり。法爾はこの御ちかひなりけるゆゑに、おほよそ行者のはからひのなきをもって、この法の徳のゆゑにしからしむといふなり。すべて、ひとのはじめてはからはざるなり。このゆゑに義なきを義とすとしるべしとなり。

「自然」といふは、もとよりしからしむるといふことばなり。弥陀仏の御ちかひの、もとより行者のはからひにあらずして、南無阿弥陀仏とたのませたまひてむかへんとはからはせたまひたるによりて、行者のよからんとも、あしからんともおもはぬを、自然とはまふすぞとききてさふらふ。

ちかひのやうは、無上仏にならしめんとちかひたまへるなり。無上仏とまふすは、かたちもなくまします。かたちもましまさぬゆゑに、自然とはまふすなり。かたちましますとしめすときには、無上涅槃とはまふさず。かたちもましまさぬやうをしらせんとて、はじめて弥陀仏とまふすとぞ、ききならひて候ふ。

弥陀仏は自然のやうをしらせんれうなり。この道理をこころえつるのちには、この自然のことはつねにさたすべきにはあらざるなり。つねに自然をさたせば、義なきを義とすといふことは、なほ義のあるになるべし。これは仏智の不思議にてあるなるべし。　　　（『大正蔵』83, p.713a〜c）

「自然」を「おのずからしからしむ」と読む。阿弥陀如来の本願の「おのずから」なるはたらきによって、衆生の救済は成し遂げられると言うのである。「法爾」も同じ意味である。如来の救済活動に衆生が「はからい」を差しはさむ余地はない。したがって「義なきを義とす」と言う。「義」とは「はからい」すなわち善悪を判断し批判すること、「義なきを義とす」とは、「行者のはからいをまじえないことを本義とする」という意味である。

次に「自然」を「もとよりしからしむる」と読んでいる。本願を信じ念仏することも、行者のはからいによっておこされる行為ではなく、本願に備わる如来の理法によって、そうあらしめられているのである。よって行者が自分の行

為の善悪をあれこれ詮議して、「これで救われるのか」とか、「これではだめなのか」というような不安な思いをいだくこともない。それをまた「自然」と言うのである。

さらに「自然」とは、真如法性(しんにょほっしょう)を意味する。如来自ら「南無阿弥陀仏」と名乗ったのは、「かたちもましまさぬ」真如の様を衆生に知らせるための手段であったと言う。本願他力の道理がわかったならば、もうそれ以上は「自然」のことをあれこれと議論してはならない。議論することが「はからい」となることもあろう。不可思議なる仏智のはたらきである。我らの思慮の及ぶところではないのである。

親鸞は浄土真宗を本願力回向の宗教と言い、二回向四法の全体を如来の本願力のはたらきと見る独特の教義体系を組織した。その他力性の究極を表現する言葉が「自然法爾」であったと言える。

ただし、「義なきを義とす」という言葉は、法然から授かったものであるという。『末燈鈔』第2条に、「如来の御ちかひなれば、他力には義なきを義とすと、聖人のおほせごとにてありき」とあるほか、『尊号真像銘文』『如来二種回向文』等にも、「大師聖人の仰せ」として「義なきを義とす」という言葉が紹介されている。法然の著述中には見えないが、「悪人正機」と同様、法然からの口伝であったと考えるべきであろう。

また、「法爾道理」という文言が、法然の法語中に見える。「諸人伝説の詞」(『和語燈録』巻5所収)には次のように伝えられている。

> 又いはく、法爾道理といふ事あり……阿弥陀ほとけの本願は、名号をもて罪悪の衆生をみちびかんとちかひ給たれば、ただ一向に念仏だにも申せば、仏の来迎は法爾道理にてそなはるべきなり。　（『大正蔵』83, p.238a）

「自然法爾」の根底には、法然の他力思想があったと考えてよかろう。

主要人物・典籍一覧

インド

1～2世紀	『無量寿経』
	『阿弥陀経』
	『般舟三昧経』
3世紀	龍樹（Nāgārjuna 150～250頃）『十住毘婆沙論』
5世紀	無着（Asaṅga 395～470頃）『摂大乗論』
	世親（天親 Vasubandhu 400～480頃）『浄土論』

中国

2世紀	『般舟三昧経』訳出（後漢・支婁迦讖180頃）
3世紀	『大阿弥陀経』訳出（呉・支謙220～250頃）
	『平等覚経』訳出（魏・帛延258頃、支婁迦讖訳とする説あり）
4世紀	廬山慧遠（東晋334～416）「念仏三昧詩集序」等
5世紀	『阿弥陀経』『十住毘婆沙論』訳出（後秦・鳩摩羅什402～410頃）
	『無量寿経』訳出（東晋・仏陀跋陀羅、劉宋・宝雲421、魏・康僧鎧訳とする説あり）
	『観無量寿経』訳出（劉宋・畺良耶舎5c前半、訳者不明とする説あり）
	曇弘（～455）・法琳（～495）・法度（437～500）・宝亮（444～509）
6世紀	『浄土論』訳出（北魏・菩提流支510頃）
	曇鸞（北魏476～542?）『論註』『讃阿弥陀仏偈』『略論安楽浄土義』
	浄影寺慧遠（隋523～592）『観経義疏』『無量寿経義疏』『大乗義章』
	霊裕（隋518～605）
	智顗（隋538～597）『維摩経文疏』（『観経疏』『十疑論』 8c?）
7世紀	吉蔵（隋549～623）『観経義疏』『無量寿経義疏』『大乗玄論』
	彦琮（隋557～610）『願往生礼讃偈』
	道綽（唐562～645）『安楽集』
	道基（唐577?～637）・法常（唐567～645）
	智儼（唐602～668）『華厳経孔目章』

	道世（唐〜668?）『法苑珠林』
	迦才（唐7c）『浄土論』
	善導（唐613〜681）『観経疏』『法事讃』『観念法門』『往生礼讃』
	『般舟讃』
	『称讃浄土経』訳出（唐・玄奘650）
	靖邁（唐7c）『称讃浄土経疏』
	円測（唐613〜696）
	基（唐632〜682）『大乗法苑義林章』（『西方要決』8c?）
	道誾（唐7c）『観経疏』
	懐感（唐7〜8c）『群疑論』
8世紀	慧日（唐680〜748）『略諸経論念仏法門往生浄土集』
	法照（唐8c）『浄土五会念仏誦経観行儀』『浄土五会念仏略法事儀讃』
	少康（唐〜805）『往生西方浄土瑞応刪伝』
9世紀	法聡（唐9c）『釈観経記』
10世紀	延寿（宋904〜975）『万善同帰集』
	澄彧（宋10c）『註十疑論』
	源清（宋10c）『観経疏顕要記』
11世紀	知礼（宋960〜1028）『観経疏妙宗鈔』
	遵式（宋964〜1032）『往生浄土懺願儀』『往生浄土決疑行願二門』
	智円（宋976〜1022）『阿弥陀経疏』
12世紀	元照（宋1048〜1116）『観経義疏』『阿弥陀経義疏』
	王日休（宋〜1173）『龍舒浄土文』
	宗暁（宋1151〜1214）『楽邦文類』

朝鮮

7世紀	慈蔵（新羅7c）
	元暁（新羅617〜686）『無量寿経宗要』『阿弥陀経疏』（『遊心安楽道』?）
	法位（新羅7c）『無量寿経義疏』
	義湘（新羅625〜702）
8世紀	義寂（新羅7〜8c）『無量寿経述義記』
	玄一（新羅7〜8c）『無量寿経記』
	憬興（新羅7〜8c）『無量寿経連義述文賛』
	太賢（新羅8c）

日本

8世紀	智光（709～780頃）『無量寿経論釈』
	智憬（8 c）・善珠（723～797）
9世紀	円仁（794～864）・遍照（816?～890）・相応（831～918）
10世紀	増命（843～927）・延昌（880～964）・空也（903～972）
	良源（912～985）『九品往生義』
	禅瑜（913?～990）『阿弥陀新十疑』
	千観（918～983）『十願発心記』『極楽国弥陀和讃』
	増賀（917～1003）・性空（910～1007）
	慶保胤（～1002）『十六相讃』『日本往生極楽記』
	源信（942～1017）『往生要集』『阿弥陀仏白毫観』『二十五三昧式』『阿弥陀経略記』（『観心略要集』）『真如観』『妙行心要集』『決定往生縁起』『自行念仏問答』11～12c?）
	静照（～1003）『四十八願釈』『極楽遊意』
11世紀	覚超（960～1034）『修善講式』『往生極楽問答』『私念仏作法』
	源隆国（1004～1077）『安養集』
	著者不明『安養抄』『浄土厳飾抄』（11～12c）
	永観（1033～1111）『往生拾因』『往生講式』『三時念仏観門式』
12世紀	良忍（1073～1132）
	実範（1089?～1144）『病中修行記』『観自在王三摩地』（『念仏式』?）
	珍海（1092?～1152）『決定往生集』『安養知足相対抄』『菩提心集』
	覚鑁（1095～1143）『五輪九字明秘密釈』『阿弥陀秘釈』『一期大要秘密集』
	法然（1133～1212）『選択本願念仏集』
13世紀	隆寛（1148～1227）『一念多念分別事』『散善義問答』
	幸西（1163～1247）『玄義分抄』
	弁長（1162～1238）『末代念仏授手印』『浄土宗名目問答』『西宗要』『徹選択本願念仏集』
	聖覚（1167～1235）『唯信鈔』
	証空（1177～1247）『観門要義鈔』『観経疏他筆鈔』
	親鸞（1173～1262）『顕浄土真実教行証文類』『浄土文類聚鈔』『愚禿鈔』『三帖和讃』
	長西（1184～1266）『浄土依憑経論章疏目録』
	良忠（1199～1287）『選択伝弘決疑鈔』『観経疏伝通記』『東宗要』
	一遍（1239～1289）

主要人物出身地図

アフガニスタン
世親
ペシャーワル（プルシャプラ）
中国
パキスタン
シュラーヴァスティー
ネパール
ルンビニー
ブータン
ベナレス
ナーランダ
バングラディッシュ
ラージャグリハ
ブッダガヤー
ミャンマー
インド
ナーガールジュナ・コンダ
龍樹
スリランカ

163

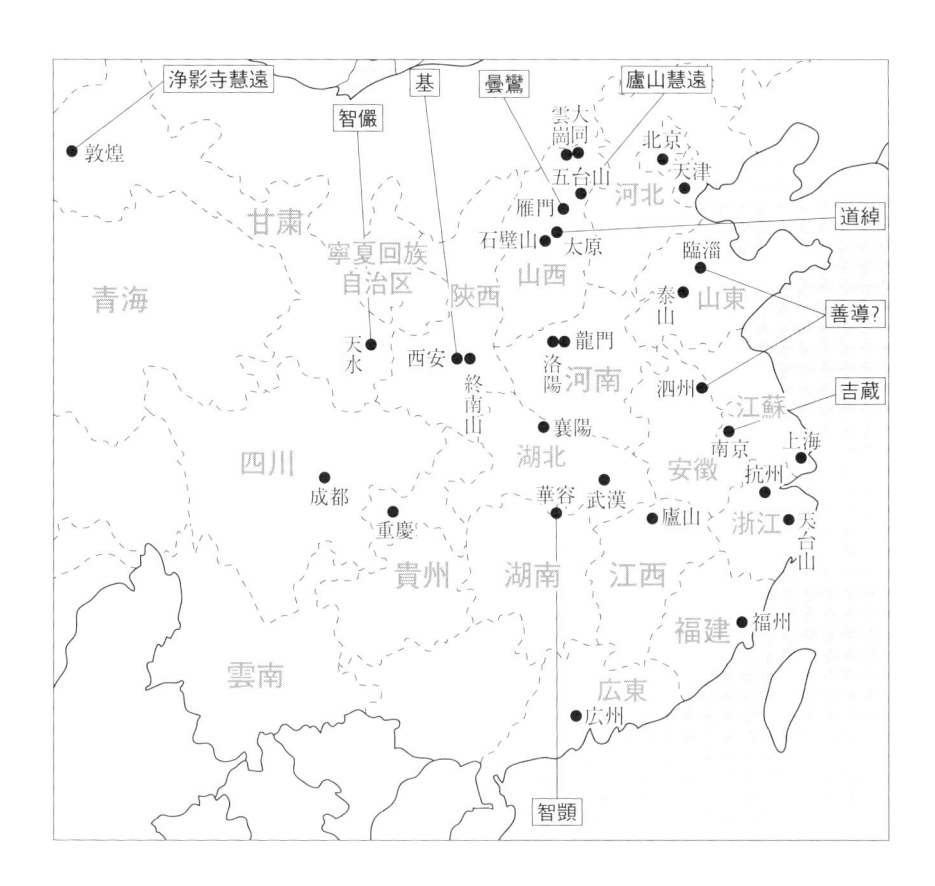

| 浄影寺慧遠 | 基 | 曇鸞 | 廬山慧遠 |

智儼

敦煌

大同
雲岡
五台山 北京
天津
河北
雁門
石壁山 太原
山西
臨淄
泰山 山東

道綽

善導?

吉蔵

甘粛
青海
寧夏回族自治区
陝西

天水
西安
終南山
龍門
洛陽
河南
泗州
江蘇
上海
南京
抗州
安徽
浙江
天台山

四川
成都
重慶
襄陽
湖北
華容
武漢
廬山
江西

貴州
湖南
雲南
福建 福州

広東
広州

智顗

法興寺 ●平壤
●
●ソウル
●五台山
元暁
●扶餘 ●大田
海印寺 慶州 仏国寺
● ●大邱 ● ●
●通度寺
●光州 ●釜山

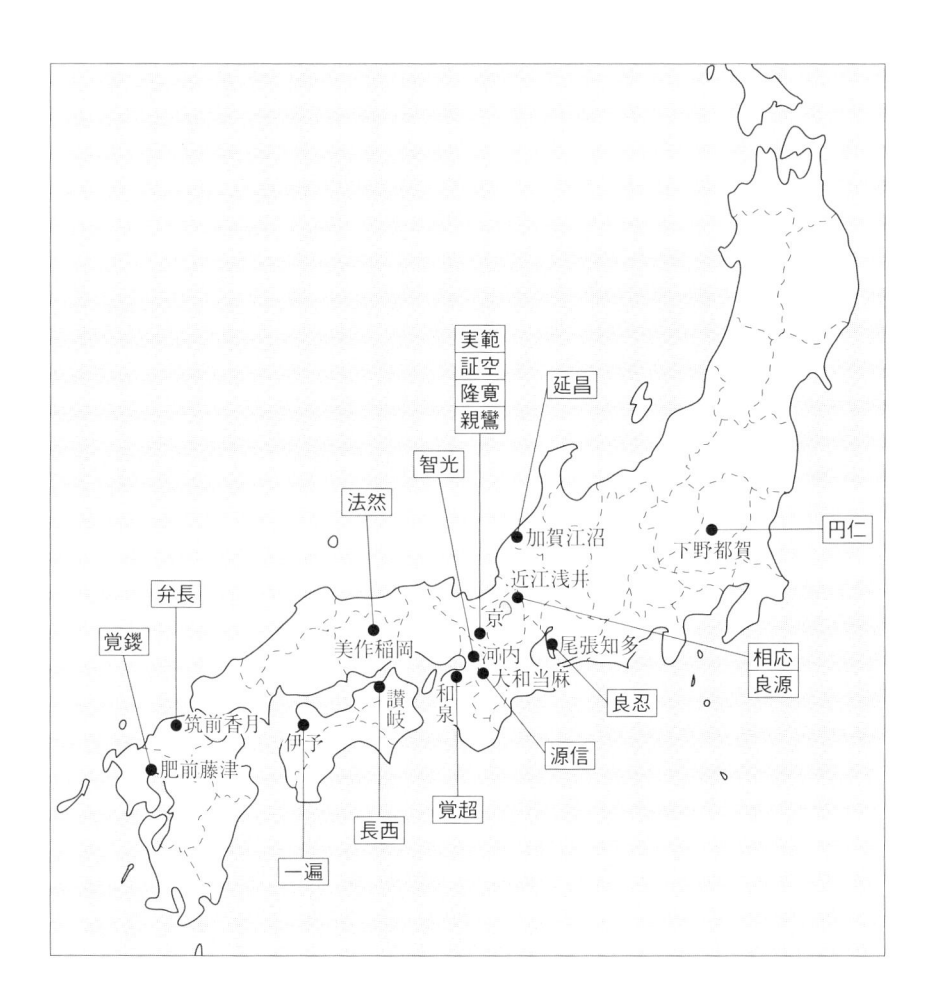

実範
証空
隆寛
親鸞
延昌
智光
法然
加賀江沼
近江浅井
円仁
下野都賀
弁長
京
覚鑁
美作稲岡
河内
尾張知多
相応
良源
筑前香月
讃岐
和泉
大和当麻
良忍
肥前藤津
伊予
源信
長西
覚超
一遍

近畿圏主要寺院

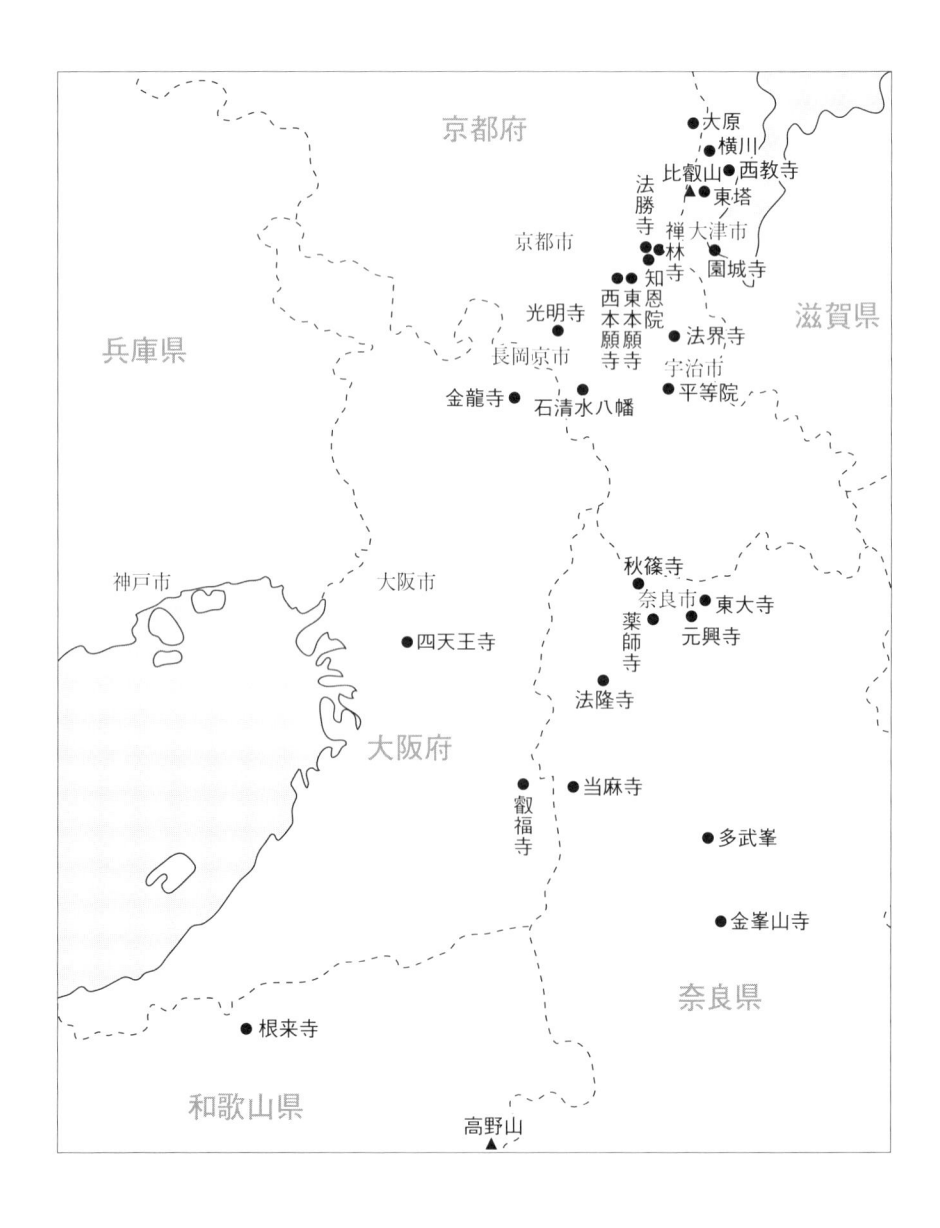

参考文献一覧

　浄土教思想史の分野における先行研究は膨大であり、特定の時代・宗派・人物・典籍に関する研究業績の全てを列挙することは不可能である。ここでは、研究対象が広範に亘り、しかも入手しやすい著書の中からごく一部のみを挙げることとする。

・藤田宏達『原始浄土思想の研究』岩波書店，1970年。
・信楽峻麿『浄土教における信の研究』永田文昌堂，1975年。
・坪井俊映『浄土教汎論』隆文館，1980年。
・平川彰等編『講座・大乗仏教5－浄土思想』春秋社，1985年。
・平川彰『浄土思想と大乗戒』（『平川彰著作集』第7巻）春秋社，1990年。
・梶山雄一等編『浄土仏教の思想』全15巻，講談社，1991年～。
・香川孝雄『浄土教の成立史的研究』山喜房仏書林，1993年。
・望月信亨『支那浄土教理史』法藏館，1942年。
・小笠原宣秀『中国浄土教家の研究』平楽寺書店，1951年。
・塚本善隆『中国浄土教史研究』（『塚本善隆著作集』第4巻）大東出版社，1976年。
・野上俊静『中国浄土教史論』法藏館，1981年。
・道端良秀『中国浄土教史の研究』法藏館，1980年。
・深貝慈孝『中国浄土教と浄土宗学の研究』思文閣出版，2002年。
・韓普光『新羅浄土思想の研究』東方出版，1991年。
・石田充之『日本浄土教の研究』百華苑，1952年。
・井上光貞『新訂日本浄土教成立史の研究』山川出版社，1975年，初版は1956年。
・石田充之『浄土教教理史』平楽寺書店（サーラ叢書15），1962年。

- 重松明久『日本浄土教成立過程の研究—親鸞の思想とその源流—』平楽寺書店，1964年。
- 村山修一『浄土教芸術と弥陀信仰』至文堂，1966年。
- 石田瑞麿『浄土教の展開』春秋社，1967年。
- 藤島達朗等編『日本浄土教史の研究』平楽寺書店，1969年。
- 普賢晃寿『日本浄土教思想史研究』永田文昌堂，1972年。
- 大野達之助『上代の浄土教』吉川弘文館，1972年。
- 伊藤真徹『平安浄土教信仰史の研究』平楽寺書店，1974年。
- 恵谷隆戒『浄土教の新研究』山喜房仏書林，1976年。
- 速水侑『浄土信仰論』雄山閣，1978年。
- 佐藤哲英編著『叡山浄土教の研究』百華苑，1979年。
- 梯信暁『奈良・平安期浄土教展開論』法藏館，2008年。
- 信楽峻麿『浄土教理史』法藏館，2010年。
- 竹村牧男『日本浄土教の世界』大東出版社，2012年。

索　引

あ行——

『阿抄』（宗厳）　113
『阿弥陀経』　4,5,10,11,13,16,22,23,54,55,57,58,65,70,88,119,134,136,149,153
『阿弥陀経義記』（伝智顗）　40,52
『阿弥陀経義疏』（元照）　54,55
『阿弥陀経疏』（元暁）　58,59
『阿弥陀経疏』（智円）　54
『阿弥陀新十疑』（禅瑜）　91,96,99,102
『阿弥陀秘釈』（覚鑁）　105,127
『阿弥陀仏白毫観』（源信）　99,103
『安養集』（源隆国）　105,111,112
『安養抄』　105,111〜113
安然　113
『安楽集』（道綽）　45,47,50,57,87,93,98,119,120,134
易行（道）　18,31〜33,35,66,68,97,140,141,143
易行品（『十住毘婆沙論』易行品）　17,31,32
『一期大要秘密集』（覚鑁）　105,127,130
一念義　137,138,140,141
『一念多念分別事』（隆寛）　139
『一念多念文意』（親鸞）　146,149
一遍　144,145
院源　86,88
『叡岳要記』　84
『栄花物語』　86,88
永観　75,105,108,118〜121,131
恵隠　70
慧遠（浄影寺）→浄影
慧遠（廬山）　23〜29,54
恵信尼　145,146
慧日　52
円測　58,64,73

延寿　56
延昌　83〜85
円仁　83,84
『往生講式』（永観）　105,118
『往生西方浄土瑞応刪伝』（少康）　30,52
『往生拾因』（永観）　75,105,119〜121
『往生浄土決疑行願二門』（遵式）　53,54
『往生浄土懺願儀』（遵式）　53,54
『往生要集』（源信）　71,82,85〜87,89,91,99〜104,106〜108,110,112,120,124,131
『往生礼讃』（善導）　47,50,55,57,135,138
応身　42,43,98
応土　40,42,43
王日休　56,154

か行——

覚超　90,101
覚鑁　105,126〜131
迦才　28,30,39,51,71,76
『願往生礼讃偈』（彦琮）　41
元暁　57〜66,68,70〜72,102
『観経義疏』（元照）　54
『観経義疏』（吉蔵）　41,76
『観経義疏』（浄影）　40〜43,76,77
『観経疏』（善導）　47,48,57,133〜135
『観経疏』（伝智顗）　40,52,53,92,93,97,98
『観経疏』（道誾）　51
『観経疏観門義』（証空）　142,143
『観経疏顕要記』（源清）　54
『観経疏妙宗鈔』（知礼）　52,53
『観自在王三摩地』（実範）　105,124
元照　54,56
観心　54,55,105,114,115
『観心略要集』　105,113,114
『観念法門』（善導）　47,50,87,135,140

『観無量寿経』　5,13〜15,23,24,29,32,36,40,42〜47,51,53〜55,58,61,63〜65,68,70,76,79,83,86,90〜92,98,101,119,120,125,134,136,143,148
『観門要義鈔』（証空）　142
基　51,72,73
義寂（新羅）　57,58,63〜68,70,92
義寂（螺渓）　52,54
義湘　58,64
『起信論』（『大乗起信論』）　59〜63
『起信論疏』（元暁）　59,62
吉蔵　40,41,73,75,76
義通　52,54
逆謗（五逆・誹謗正法）　7,9,14,15,24,32,33,37,54,76,77,96〜98,109,112,113,119,120,122,130,147
行基　74,75,78
『教行証文類』（親鸞『顕浄土真実教行証文類』）　146,148〜151,153,154
憬興　58,63,66〜68,73
凝然　44,74,138
『玉葉』（九条兼実）　106
空也　85,91,93,94,102
『鼓音声王陀羅尼経』　65
九条兼実　106,133
『九品往生義』（良源）　86,90〜93,97,98,101
鳩摩羅什（羅什）　4,10,16,17,23,25,26,28
『群疑論』（懐感）　44,51,72,76
『華厳経』　20,71,152
『華厳経孔目章』（智儼）　44
『華厳経探玄記』（法蔵）　72
『解深密経』　18,21
『決定往生縁起』　117
『決定往生集』（珍海）　105,121
玄一　58,63,66〜68,70
『玄義分抄』（幸西）　138
『賢護経』　12
玄奘　10,51,73
源信　52,71,85〜87,90,99,101〜104,108,113

源清　54
玄中寺流　51,57
玄昉　72,73
幸西　138
『高僧伝』（慧皎）　24〜27
五会念仏　52,84,92
『古今著聞集』　116
『後拾遺往生伝』（三善為康）　106,116
『後世物語聞書』　139
五念門　19〜21,30,32,33,35〜38,100,102,103,124
『五輪九字明秘密釈』（覚鑁）　105,127〜129
『今昔物語集』　74,75,108

── さ 行 ──

『西宗要』（弁長『浄土宗要集』）　140〜142
最澄　83
『西方指南鈔』　108
『西方要決』（伝基）　119
『讃阿弥陀仏偈』（曇鸞）　30,76
『三外往生記』（蓮禅）　106,116
三在（釈）　32,93,119
『散善義問答』（隆寛）　139
『三宝絵詞』（源為憲）　74,83〜85,92
『山門堂舎記』　84
自往生観　103,108
『自行念仏問答』　117
『私聚百因縁集』（住信）　138
慈蔵　57
『十訓抄』　75
実範　105,123〜126,130,131
『四分律行事鈔』（道宣）　87
『四分律行事鈔資持記』（元照）　54
『釈観経記』（法聡）　52
『拾遺往生伝』（三善為康）　106
『十往生経』　120
『十願発心記』（千観）　91,95,102
宗暁　54
『十疑論』（伝智顗）　40,52,92,93,96〜98,119
宗賾　56

索　引　171

十念　7,14,15,32,33,35,37,38,46,47,49,
　　51,52,54〜56,60,61,63,64,66,76,77,
　　79,87,92,93,96,111,117,120,122,123,
　　135,147,148
『十念極楽易往集』(仏厳)　130
就行立信　49,133,134
『出三蔵記集』(僧祐)　25〜27
『述成』(証空)　144
受用(身・土)　21,22,32,33,43〜46,51,
　　59,65〜67,125,128
遵式　52〜54
証空　133,138,139,142〜144
少康　52
『荘厳経』(『大乗無量寿荘厳経』)　5,6
『称讃浄土経』(『称讃浄土仏摂受経』)　10
静照　90,101,109
正定聚　6,9,31,37,38,59,61〜63,67,69,
　　76,110,148,152〜155
『正像末和讃』(親鸞)　146,151
『摂大乗論』　18,19,21,43〜47,60,65
『浄土五会念仏誦経観行儀』(法照)　52
『浄土五会念仏略法事儀讃』(法照)　52,84
『浄土厳飾抄』　105,111〜113
『浄土宗名目問答』(弁長)　140
『浄土法門源流章』(凝然)　138
『浄土文類聚鈔』(親鸞)　146,147
『浄土論』(迦才)　28,30,51,72,76
『浄土論』(世親『無量寿経優波提舎』)　4,
　　19,21〜24,29〜34,38,40,43,54,65〜
　　67,70,75,100,102,134
『浄土和讃』(親鸞)　146,153
称名　15,34〜36,46〜52,54〜56,61,63,
　　64,66,76,77,88,91〜93,96,100〜103,
　　114,115,117,120〜124,126〜128,130,
　　131,134,135,137〜142,148
『浄名玄論略述』(智光)　74,75
『小右記』(藤原実資)　94
浄影　40〜45,51,66,68,73,76,77,97,98
審詳　71,72
『真如観』　105,113,115
親鸞　107〜110,138,139,145,147,149,
　　151〜158

『宗鏡録』(延寿)　56
靖邁　70
世親(天親)　4,16,18,19,22,24,30,32,
　　43,75,100,102
千観　90,91,94〜96,102
『選択伝弘決疑鈔』(良忠)　141,142
『選択本願念仏集』(法然)　133,134,137,
　　139,142,145
善珠　71〜73,77
善導　39,45,47〜52,55,57,70,87,120,
　　122,133〜135,138〜141
禅瑜　90,91,94〜96〜98,102
相応　83〜85
増賀　93,94
僧肇　28
増命　83〜85
『続高僧伝』(道宣)　30
『続本朝往生伝』(大江匡房)　106
『尊号真像銘文』(親鸞)　146,158

た行――

『大阿弥陀経』(『阿弥陀三耶三仏薩楼仏檀過
　　度人道経』)　5,23,28
太賢　58,73
『大乗義章』(浄影)　41,42,76
『大乗玄論』(吉蔵)　40
『大乗大義章』　25,26
『大乗法苑義林章』(基)　51
『大智度論』　16,25,28,93
大通融観　116
『大宝積経』　5
荘子女王　95
多念義　137〜141
他力　38,116,138,140,141,143,144,149,
　　151,155,158
『歎異抄』　146,155,156
智円　54
智顗→天台
智憬　71,72,77
智光　71,73〜79
智儼　44
『註十疑論』(澄彧)　52

『中右記』（藤原宗忠）　108
澄憼　52
長西　138,139,141
『長西録』（長西『浄土依憑経論章疏目録』）　124
知礼　52〜55
珍海　105,121,123,131
通報化　43,44,51,57,61,65
『貞信公記』（藤原忠平）　83
『徹選択本願念仏集』（弁長）　140,141
天台（智顗）　40,41,52,53,83,92,96〜98,129
『東域伝燈目録』（永超）　66,71〜73
道基　44
道闇　51
道綽　39,45〜47,50,51,57,70,87,93,98,134
道世　44
道宣　26,30,57,87
曇遷　43
曇鸞　24,28〜35,38,39,45〜47,51,57,63,75,76,93,97,152

な行——

『日本往生極楽記』（慶滋保胤）　74,75,85,91,101,106
『日本紀略』　94
『日本書紀』　70
『日本霊異記』（景戒）　74,75,78,79
『如来会』（『無量寿如来会』）　5,6
『如来二種回向文』（親鸞）　158
『仁王般若経』　41
『涅槃経』　3,15,29,68
『念仏三昧宝王論』（飛錫）　52
『念仏式』（伝実範）　124

は行——

『般舟讃』（善導）　47
『般舟三昧経』　5,11〜13,16,23,26,70,136
『般若心経述義』（智光）　74,75
飛錫　52
『病中修行記』（実範）　105,124,125,130

『平等覚経』（『無量清浄平等覚経』）　5,23,28
不空　114,124
（藤原）敦忠　95
（藤原）伊尹　93
（藤原）実資　94
（藤原）実頼　94
（藤原）祐姫　95
（藤原）高光　93
（藤原）忠平　83,85,86,90,93,94
（藤原）道長　86,88,106
（藤原）師氏　93
（藤原）師実　119
（藤原）師輔　86,90,93,94
（藤原）頼通　86,106,111
不退（転）　6,9〜11,17,18,31,32,62,63,67,69,76,98,112,122,137,153
不断念仏　83〜85,91,92,101,102,108,142
『仏地経論』　21
仏陀跋陀羅　5,23,25
別時意（趣）　44〜48,51,60,65,112
変化（身・土）　21,42〜45,51,59,65,66,68,125
遍照　84
弁長　139〜142
変易土　76
法位　57,58,63〜66,68,70
『法苑珠林』（道世）　44
法常　44,57
報身　3,42,43,46,59,128
法聡　52
法蔵　59,71,72,129
報土　41,43〜46,48,51,76,134,148,151,153〜155
法然（源空）　80〜82,101,107〜109,132〜142,145,156,158
『法華経』　3,25,88
菩提流支　19,24,29,30,40
『法華義疏』（吉蔵）　76
法照　52,84,92
『法水分流記』　138
凡夫入報　48,51

索　引　173

ま行──

『摩訶止観』（智顗）　83,84,100,117
『末代念仏授手印』（弁長）　140
『末灯鈔』　156,158
末法　46,80,81,98
『万善同帰集』（延寿）　56
『御堂関白記』（藤原道長）　88
（源）隆国　111
（源）為憲　83,95
（源）延光　95
（源）師房　118,119
『妙行心要集』　105,113,115,117
『弥勒問経』　60,63,64,66
迎講　108,118
『無量寿儀軌』　124
『無量寿経』　4～6,10,11,13～16,22～24,
　32,38,40,42～44,46,49,52,54,55,
　58～61,63～70,73,79,134～136,147,
　148,152,153
『無量寿経記』（玄一）　58,66
『無量寿経義疏』（吉蔵）　41,75
『無量寿経義疏』（浄影）　40～42
『無量寿経義疏』（法位）　58,63
『無量寿経宗要』（元暁『両巻無量寿経宗要』）
　58,59,63,72
『無量寿経述義記』（新羅義寂）　57,58,64,
　92
『無量寿経連義述文賛』（憬興）　58,66,68,
　73
『無量寿経論釈』（智光）　74～77,79

や行──

『維摩経疏菴羅記』（凝然）　44

『維摩経文疏』（智顗）　40
『遊心安楽道』（伝元暁）　59
『融通円門章』（融観）　116
（慶滋）保胤　85,91,101,106

ら行──

来迎　10,14,15,83,85～90,92,95,96,
　102～110,113,117～121,123,129,131,
　137,141,144,153,158
『楽邦文類』（宗暁）　54
羅什→鳩摩羅什
『略諸経論念仏法門往生浄土集』（慧日）
　52
『略論安楽浄土義』（曇鸞）　30,57,63
隆寛　138,139
龍樹　16,17,22,23,25,31,62,129
『龍舒浄土文』（王日休）　56,154
良源　86,90～94,96～99,101,102
『楞厳院二十五三昧過去帳』　101
良忠　101,141,142
良忍　105,116
（臨終）正念　88,89,103,106～110,120,
　121,123,129,130,139,140
霊裕　40
『蓮華三昧経』　113,114
良弁　71
『論註』（曇鸞『無量寿経優婆提舎願生偈註』）
　24,30,32～35,37,38,57,75,93,119,152

わ行──

『和語燈録』　109,137,158

梯　信曉（かけはし　のぶあき）

1958年　大阪市生まれ。
1982年　早稲田大学第一文学部東洋哲学専修卒業。
1991年　早稲田大学大学院文学研究科東洋哲学専攻博士後期課程退学。
2006年　博士（文学）早稲田大学。
現　在　大阪大谷大学文学部教授、龍谷大学講師、武蔵野大学講師、浄土真宗本願寺派中央仏教学院講師。
著　書　『宇治大納言源隆国編　安養集　本文と研究』（西村冏紹監修、百華苑、1993年）、『奈良・平安期浄土教展開論』（法藏館、2008年）、『新訳　往生要集　上・下』（法藏館、2017年）、『お迎えの信仰―往生伝を読む―』（法藏館、2020年）。

インド・中国・朝鮮・日本　浄土教思想史

2012年3月21日　初版第1刷発行
2021年12月20日　初版第4刷発行

著　者　梯　　信　曉
発行者　西　村　明　高
発行所　株式会社　法藏館
京都市下京区正面通烏丸東入
電　話　075(343)0030（編集）
　　　　075(343)5656（営業）
装幀者　原　　拓　郎
ⓒ 2012 N. Kakehashi　　印刷・製本　亜細亜印刷株式会社
ISBN 978-4-8318-6057-6 C1015　　Printed in Japan

霊芝元照の研究	吉水岳彦著	12,000円
中国浄土教儀礼の研究	齊藤隆信著	15,000円
漢語仏典における偈の研究	齊藤隆信著	15,000円
迦才『浄土論』と中国浄土教	工藤量導著	12,000円
曇鸞浄土教形成論	石川琢道著	6,000円
浄土教の十念思想	岡　亮二著	6,800円
奈良・平安期浄土教展開論	梯　信曉著	6,600円
中国仏教思想研究	木村宣彰著	9,500円
お迎えの信仰	梯　信曉著	1,600円
六朝隋唐仏教展開史	船山　徹著	8,000円
中国佛教史研究	藤善眞澄著	13,000円
唐代浄土教史の研究	成瀬隆純著	6,500円
婆藪槃豆伝	船山　徹著	2,500円

法藏館　　　価格税別